ORDONNANCE DU ROY,

Portant réglement pour le payement des Troupes de Sa Majesté pendant l'hiver prochain.

Du premier Novembre 1742.

DE PAR LE ROY.

SA MAJESTE' voulant régler le traitement qui sera fait à ses troupes, tant françoises qu'étrangéres, pendant l'hiver prochain, a ordonné & ordonne ce qui suit.

ARTICLE PREMIER.

LOGEMENT. QUE les troupes d'Infanterie, Gendarmerie, Cavalerie, Carabiniers, Hussards & Dragons, qui seront logées chez les habitans des villes & autres lieux, tant de la frontiére que de l'intérieur du royaume, n'y auront que le simple couvert, avec des lits garnis de linceuls, place au feu & à la chandelle de l'hôte, suivant sa commodité.

II.

FOURRAGE. QUE le fourrage sera fourni aux présens & effectifs des troupes de la Gendarmerie, Cavalerie, Carabiniers, Hussards & Dragons, pendant l'hiver, dans les lieux où elles seront logées, conformément aux revûes qui en feront faites; la ration devant être compofée de quinze livres de foin & cinq livres de paille, ou de dix-huit livres de foin fans paille, où il n'y en aura point, des deux tiers du boiffeau d'avoine mefure de Paris, dont les vingt-quatre boiffeaux font le feptier de ladite mefure; fçavoir, pour la Gendarmerie, dans chaque compagnie de Gendarmes ou de Chevaux-legers, deux rations à chacun des quatre Maréchaux-des-logis, & une ration à chacun des deux Brigadiers, deux Sous-brigadiers, au Porte-étendart, & à chaque Gendarme, Chevau-leger, Trompette & Timbalier: & il fera fourni de plus dix rations par jour à chaque Capitaine-lieutenant des fix compagnies de Chevaux-legers, quatre à chaque Sous-lieutenant, & trois à chacun des deux Cornettes defdites compagnies, les Grands-officiers des compagnies de Gendarmes n'en devant point avoir.

GENDARMERIE.

Pour l'Etat-major de la Gendarmerie, douze rations au Major, huit rations à l'Aide-major, fix au Sous-aide-major, deux rations à chacun des deux Aumôniers, & une au Chirurgien.

CAVALERIE *françoife & étrangére*, CARABINIERS, HUSSARDS *&* DRAGONS.

Pour la Cavalerie, les Carabiniers, Huffards & Dragons, fix rations par jour à chaque Capitaine, quatre au Lieutenant, quatre au Sous-lieutenant qui eft en la compagnie Colonelle du régiment du Colonel-général de la Cavalerie; & pareille quantité de quatre rations à chacun des fecond Lieutenant de la compagnie Générale du régiment du Colonel-général des Dragons, & de la compagnie Meftre-de-Camp du régiment Meftre-de-Camp général auffi des Dragons; trois à chaque Cornette, deux à chaque Maréchal-des-logis, & une à chaque Brigadier, Cavalier, Carabinier, Huffard, Dragon, Trompette, Timbalier, Tambour & Hautbois; fix rations à Monf.r le Prince de Dombes Meftre-de-camp-Lieutenant du régiment Royal-des-Carabiniers; fix à chacun des cinq Meftres-de-camp qui fervent fous luy à la tête des cinq Brigades; pareille quantité de fix rations à chaque Meftre-de-camp de Cavalerie, de Huffards ou de Dragons; quatre à chaque Lieutenant-colonel, outre celles qu'ils doivent recevoir comme Capitaines; huit à chaque Major, quatre à chaque Aide-major, & une à chaque Aumônier & Chirurgien.

Et en outre pour les régimens Royal-Allemand & Rosen, sçavoir, au régiment Royal-Allemand, deux rations au Marêchal-des-logis du régiment, trois au Prévôt, deux à son Lieutenant, deux au Greffier, & une à chacun des quatre Archers & un Exécuteur de justice.

Et au régiment de Cavalerie allemande de Rosen, une à chacun des Auditeur, Greffier, trois Archers & un Exécuteur de justice.

Les compagnies franches de Dragons recevront le fourrage pour les Officiers & Dragons effectifs, comme les autres compagnies de Dragons.

Officiers réformez.

Les Officiers réformez qui auront ordre de servir à la suite des régimens de Cavalerie ou de Dragons, recevront du fourrage pour leurs chevaux, sçavoir, chaque Mestre-de-camp six rations par jour, chaque Lieutenant-colonel pareille quantité de six rations, chaque Capitaine quatre, & chaque Lieutenant réformé de Cavalerie ou de Dragons, deux rations.

FILTZJAMES.

Les Officiers réformez à la suite du régiment de Cavalerie de Filtzjames, auront du fourrage, sçavoir, chaque Mestre-de-camp neuf rations par jour, chaque Lieutenant-colonel huit, chaque Capitaine cinq, & chaque Lieutenant trois rations.

INFANTERIE.

Sa Majesté a aussi résolu de faire fournir du fourrage aux Officiers de ses troupes d'Infanterie, qui ont servi ou sont destinées pour servir en campagne, afin de leur donner moyen d'entretenir leurs équipages; la ration composée de douze livres de foin & huit livres de paille, ou de seize livres de foin sans paille, où il n'y en aura point, & d'un demi-boisseau d'avoine mesure de Paris, sçavoir, quatre rations par jour à chaque Capitaine, deux rations à chaque Lieutenant, Sous-lieutenant ou Enseigne; & pour les Officiers de chaque Etat-major, six rations par jour au Colonel, trois au Lieutenant-colonel, deux aux Commandans de bataillon qui ne sont point chefs de régiment, outre les rations que lesdits Colonels, Lieutenans-colonels ou Commandans de bataillon recevront comme Capitaines; cinq rations au Major, trois à chaque Aide-major, une au Prévôt, où il y en a, & une à l'Aumônier: desquelles troupes d'Infanterie il sera envoyé des états aux Intendans des généralités, provinces & places où elles seront logées pendant l'hiver.

Officiers réformez.

Il sera aussi fourni du fourrage aux Officiers réformez qui auront ordre de servir à la suite desdits régimens d'Infanterie, sçavoir, six rations par jour à chaque Colonel, quatre à chaque Lieutenant-colonel, deux à chaque Capitaine, & une à chaque Lieutenant.

Sa Majesté ordonne que lesdites fournitures de fourrages soient régulièrement faites à la Gendarmerie, à la Cavalerie, aux Carabiniers, Hussards & Dragons, & auxdits Officiers, à commencer du jour que les troupes entreront en quartier d'hiver, jusqu'au tems qu'elles se mettront en campagne: bien entendu que si lesdites troupes restoient dans leurs quartiers d'hiver au de-là du dernier avril, il ne sera plus fourni aucun fourrage aux Officiers.

L'intention de Sa Majesté est aussi qu'après l'expiration de cent cinquante jours du quartier d'hiver, les places de fourrage ne soient plus payées à la Cavalerie qui sera logée dans les généralités, qu'au prix coûtant & sans aucun bénéfice; & que la somme à laquelle elle se trouveront monter, soit imposée dans lesdites généralités, dont elles seront remboursées par le Trésorier général de l'Extraordinaire des guerres, à raison de cinq sols la ration.

Veut Sa Majesté qu'il ne soit délivré aucune ration de fourrage aux Officiers d'Infanterie, de Gendarmerie, Cavalerie, Carabiniers, Hussards & Dragons qui ne se trouveront pas présens aux revûes, à moins qu'ils n'ayent congé par écrit de Sa Majesté, contre-signé du Sécrétaire d'état de la guerre; auxquels Officiers absens par congé, ou ceux qui obtiendront des reliefs, il ne sera fourni que la moitié des fourrages qu'ils auroient, s'ils avoient été présens, à l'exception des Colonels, Mestres-de-camp, Lieutenans-colonels

colonels en pied ou réformez, & des Majors des régimens, qui auront leur fourrage en entier lorsqu'ils se seront absentez par congé, ou sur les reliefs qui seront accordez à ceux qui n'auront pas de congé.

Défend très-expressément Sa Majesté auxdits Officiers, Gendarmes, Chevaux-legers, Cavaliers, Carabiniers, Hussards & Dragons, d'exiger des Gardes-magasins & Entrepreneurs de la fourniture de fourrages, une plus grande quantité de rations que celle marquée ci-dessus; & auxdits Officiers, soit de Gendarmerie, soit de Cavalerie, de Carabiniers, de Hussards ou de Dragons, de rien diminuer sur les rations cy-dessus ordonnées pour la subsistance du cheval du Gendarme, Chevau-leger, Cavalier, Carabinier, Hussard ou Dragon, pour le donner à leurs chevaux, ou pour le convertir en argent; à peine auxdits Officiers d'être cassez & privez de leurs charges, & aux Gendarmes, Chevaux-legers, Cavaliers, Carabiniers, Hussards & Dragons, de la vie.

Défend aussi Sa Majesté aux Gardes-magasins & Entrepreneurs, de convertir aucune desdites rations de fourrage en argent, à moins que lesdits Gardes-magasins & Entrepreneurs n'en ayent ordre par écrit des Intendans, à peine de la vie; & auxdits Officiers, Gendarmes, Chevaux-legers, Cavaliers, Carabiniers, Hussards & Dragons, d'entrer avec eux en aucune composition là-dessus, à peine aux Officiers d'être cassez, & aux Gendarmes, Chevaux-legers, Cavaliers, Carabiniers, Hussards & Dragons, des galères: Fait en outre Sa Majesté très-expresses défenses auxdits Officiers, Gendarmes, Chevaux-legers, Cavaliers, Carabiniers, Hussards & Dragons, de vendre aucun fourrage, & aux habitans des villes & lieux où ils seront logez & des environs, d'en acheter d'eux, sur les mêmes peines auxdits Officiers d'être cassez, & aux Gendarmes, Chevaux-legers, Cavaliers, Carabiniers, Hussards & Dragons, des galères, & sur peine auxdits habitans de trois cens livres d'amende. Ordonne Sa Majesté aux Commissaires des guerres employez à la police de ses troupes, de délivrer auxdits Gardes-magasins ou Entrepreneurs, des extraits des revûes qu'ils en feront, & auxdits Gardes-magasins & Entrepreneurs de ne fournir le fourrage à chaque compagnie, que sur le pied qu'ils verront par lesdits extraits qu'elle aura passé à la revûe qui en aura été faite, & à aucun des Officiers qui ne seront point compris pour présens dans lesdits extraits, sur lesquels ils compteront des fournitures qu'ils auront faites: se conformant à ce qui est marqué ci-dessus pour les Officiers qui seront absens sur des congez de Sa Majesté, ou qui obtiendront des reliefs, aux équipages desquels il sera fourni du fourrage comme il est ci-dessus ordonné.

III.

USTENSILE.

Infanterie.

Sa Majesté a reglé que les compagnies d'Infanterie, outre leur solde, recevront l'ustensile pendant cent cinquante jours du quartier d'hiver, sur le pied chacune de dix livres par jour, faisant quinze cens livres pour cent cinquante jours, pour les régimens qui auront l'ustensile entier, & de quatre cens cinquante livres au Major; & sur le pied de cinq livres par jour à chaque compagnie, faisant sept cens cinquante livres pour lesdits cent cinquante jours, pour les régimens qui n'auront que le demi-ustensile, & de deux cens vingt-cinq livres au Major: duquel ustensile le Lieutenant de la compagnie qui aura quinze cens livres, recevra quatre-vingt-dix livres, le Sous-lieutenant ou Enseigne soixante livres, l'Aide-major du bataillon quinze livres; le Lieutenant de la compagnie qui n'aura que sept cens cinquante livres, recevra quarante-cinq livres, le Sous-lieutenant ou Enseigne trente livres, & l'Aide-major du bataillon sept livres dix sols: le restant à chaque compagnie sera payé au Capitaine pour rendre sa compagnie compléte en état de bien servir, & fournir des tentes à ses soldats pendant la campagne.

Retenue sur l'Ustensile.

Comme Sa Majesté estime qu'il conviendra aux Officiers des troupes d'Infanterie françoise de ses armées, de faire conserver aux Capitaines une partie de leur ustensile,

& aux Lieutenans, Sous-lieutenans ou Enseignes, l'ustensile entier, pour leur être payé par égale portion, sçavoir, au Capitaine en cinq mois, à commencer du 10. juin de l'année prochaine, & aux Lieutenans, Sous-lieutenans & Enseignes en six mois, à commencer du 10. mai; Sa Majesté ordonne qu'il soit retenu cent cinquante livres à chaque Capitaine, & ce qui revient dudit ustensile à chaque Lieutenant, Sous-lieutenant ou Enseigne, pour leur être ainsi distribué.

Officiers réformez.

Les Officiers réformez qui ont servi pendant la campagne dernière à la suite desdits régimens, recevront l'ustensile, sçavoir, chaque Colonel réformé deux cens soixante-dix livres, chaque Lieutenant-colonel cent quatre-vingt livres, chaque Capitaine quatre-vingt-dix livres, & chaque Lieutenant réformé trente livres.

GENDARMERIE. *Dix compagnies de Gendarmes.*

Chacune des dix compagnies de Gendarmes Ecossois, Anglois, Bourguignons, de Flandres, de la Reine, de Monseigneur le Dauphin, de Bretagne, d'Anjou, de Berry & d'Orléans, recevra pendant les cent cinquante jours du quartier d'hiver, cinquante places d'ustensile par jour, lesquelles seront distribuées (les grands Officiers n'en devant point avoir) sçavoir, deux places à chacun des quatre Maréchaux-des-logis qui sont en chacune desdites compagnies, les quarante-deux autres places seront pour les deux Brigadiers, les deux Sous-brigadiers, le Porte-étendart, les trente-cinq Gendarmes & les deux Trompettes.

Six compagnies de Chevaux-legers.

Chacune des six compagnies de Chevaux-legers de la Reine, de Monseigneur le Dauphin, de Bretagne, d'Anjou, de Berry & d'Orléans, recevra pendant lesdits cent cinquante jours, soixante-dix places d'ustensile par jour, le Capitaine-lieutenant en ayant dix, le Sous-lieutenant quatre, chacun des premier & second Cornettes trois, chacun des quatre Maréchaux-des-logis deux, & les quarante-deux autres places seront pour les deux Brigadiers, les deux Sous-brigadiers, le Porte-étendart, les trente-cinq Chevaux-legers, & les deux Trompettes.

Timbaliers.

Les huit Timbaliers qui servent dans les compagnies

des Gendarmes Ecossois, Anglois, Bourguignons, de Flandre, de la Reine, de Monseigneur le Dauphin, & des Chevaux-legers de la Reine & de Monseigneur le Dauphin, recevront aussi par jour chacun une place d'ustensile pendant lesdits cent cinquante jours.

Cavalerie & Dragons.

Chaque compagnie des régimens de Cavalerie, de Carabiniers, Hussards & Dragons, recevra l'ustensile pendant les cent cinquante jours du quartier d'hiver, sur le pied de six places par jour au Capitaine, de quatre places à chaque Lieutenant, quatre places au Sous-lieutenant qui est dans la compagnie-colonelle du régiment du Colonel-général de la Cavalerie; pareille quantité à chacun des seconds Lieutenans qui sont dans la compagnie générale du régiment du Colonel-général des Dragons, & dans celle de la Mestre-de-camp du régiment Mestre-de-camp général desdits Dragons; trois à chaque Cornette, deux à chaque Maréchal-des-logis, & une à chaque Brigadier, Cavalier, Carabinier, Hussard & Dragon, conformément aux états que Sa Majesté en fera expédier: observant que ces places attribuées aux Cavaliers, Carabiniers, Hussards & Dragons, doivent être remises au Capitaine, pour être employées au rétablissement & entretenement de sa compagnie, & la mettre en état de servir en campagne; à la réserve des cinq écus qui doivent être retenus, pour être distribuez auxdits Cavaliers, Carabiniers, Hussards & Dragons pendant la campagne, ainsi qu'il sera dit ci-après: Et pour chaque Etat-major de Cavalerie, de Carabiniers, Hussards & Dragons, il sera payé six places au Mestre-de-camp, quatre au Lieutenant-colonel, six au Major, quatre à l'Aide-major, & une à chacun des Aumônier & Chirurgien; six places à Monsʳ le Prince de Dombes Mestre-de-camp-lieutenant du régiment Royal des Carabiniers, deux au Maréchal-des-logis de l'Etat-major du régiment Royal-allemand, deux au Prévôt, une à son Lieutenant, & une à chacun des Greffier, quatre Archers, un Exécuteur; une à l'Auditeur dans l'Etat-major du régiment de Rosen, & une à chacun des Greffier, trois Archers & un Exécuteur.

Royal-Allemand.

Rosen.

Les

Les compagnies franches de Dragons recevront l'ustensile de même que les compagnies des régimens, conformément aux états qui en seront expédiez.

Compagnies franches de Dragons.

A l'égard des Officiers réformez de Cavalerie, de Carabiniers, de Hussards & de Dragons, qui ont ordre de servir avec les régimens, & qui y auront fait la campagne derniére, Sa Majesté ordonne que l'ustensile leur soit payé pendant les cent cinquante jours du quartier d'hiver, sçavoir, six places par jour à chaque Mestre-de-camp, cinq à chaque Lieutenant-colonel, quatre à chaque Capitaine, & deux à chaque Lieutenant.

Officiers réformez.

SOLDE.

SA MAJESTÉ ayant donné ses ordres pour faire remettre aux Trésoriers généraux de l'extraordinaire des guerres & des troupes de sa maison, les fonds nécessaires pour le payement des appointemens & solde des Officiers, Soldats, Gendarmes, Chevaux-legers, Mousquetaires, Cavaliers, Carabiniers, Hussards & Dragons, Elle entend que le payement leur en soit fait de dix jours en dix jours, & par avance, suivant les ordres particuliers que lesdits Trésoriers en recevront des Intendans, sur le pied qui ensuit.

ARTICLE PREMIER.

GARDES-FRANÇOISES.

Compagnies de Grenadiers.

CHACUNE des trois compagnies de Grenadiers du régiment des Gardes-françoises, composée d'un Capitaine, deux Lieutenans, deux Sous-lieutenans, deux Enseignes, & cent dix hommes, dont six Sergens, trois Caporaux, neuf Anspessades, quatre-vingt-huit Grenadiers & quatre Tambours, sera payée sur le pied de trois cens soixante livres huit sols par mois au Capitaine, deux cens vingt-cinq livres seize sols huit deniers à chaque Lieutenant, cent dix livres huit sols quatre deniers à chaque Sous-lieutenant, soixante-treize livres six sols huit deniers à chaque Enseigne, quarante livres un sol huit deniers à chacun des cinq premiers Sergens, trente-huit livres quinze sols au sixiéme Sergent, vingt-deux livres cinq sols à chaque

Caporal, dix-neuf livres quinze sols à chaque Anspessade & Tambour, seize livres quinze sols à chaque Grenadier; pareilles seize livres quinze sols pour la paye du Major, dix livres quinze sols pour celle du Commissaire; & seize livres quinze sols pour chacune des douze payes de gratification que Sa Majesté accorde au Capitaine, sa compagnie étant compléte de cent dix hommes, huit seulement à cent quatre jusqu'à cent neuf, & rien au-dessous dudit nombre de cent quatre hommes.

Compagnies de Fusiliers.

Chacune des trente compagnies de Fusiliers, composée d'un Capitaine, d'un Lieutenant, un Sous-lieutenant, deux Enseignes, & cent vingt-six hommes, dont six Sergens, trois Caporaux, neuf Anspessades, cent quatre Fusiliers & quatre Tambours, sera payée sur le pied par mois, de deux cens cinquante-cinq livres au Capitaine, cent soixante-dix livres seize sols huit deniers au Lieutenant, quatre-vingt-cinq livres huit sols quatre deniers au Sous-lieutenant, cinquante-cinq livres à chaque Enseigne, trente-cinq livres dix-huit sols quatre deniers à chacun des quatre premiers Sergens, trente-quatre livres quatre sols deux deniers à chacun des deux autres, dix-huit livres dix-huit sols quatre deniers à chaque Caporal, dix-sept livres cinq sols à chaque Anspessade & Tambour, quatorze livres quinze sols à chaque Fusilier; pareilles quatorze livres quinze sols pour la paye du Major, dix livres quinze sols pour celle du Commissaire; & pareilles dix livres quinze sols pour chacune des douze payes de gratification que Sa Majesté accorde au Capitaine, sa compagnie étant compléte de cent vingt-six hommes, & six seulement à cent vingt jusqu'à cent vingt-cinq inclusivement, & rien au-dessous dudit nombre de cent vingt hommes: il sera de plus payé au Capitaine trente sols par jour, pour appointer les trente meilleurs Soldats de sa compagnie.

Etat-major.

A l'égard des Officiers de l'Etat-major dudit régiment, ils continueront d'être payez de leurs appointemens suivant les états que Sa Majesté en fera expédier.

II

Gardes-Suisses. Compagnies.

Chacune des douze compagnies du régiment des Gardes-suisses, composée de deux cens hommes, les officiers compris, sera payée à raison de vingt livres six sols par mois pour chaque homme & pour chacune des vingt-sept payes de gratification que Sa Majesté accorde au Capitaine, lorsque sa compagnie se trouve du nombre de cent soixante-quinze & au-dessus jusqu'à celui de deux cens : Sa Majesté trouve bon aussi de faire payer au Capitaine la somme de cent quarante-deux livres deux sols par mois, pour appointer les Porte-outils, & les plus anciens & plus apparens Soldats de sa compagnie. Au moyen de quoi ledit Capitaine doit avoir & entretenir un Lieutenant, à raison de cent cinquante livres par mois, un second Lieutenant à cent vingt livres, un Sous-lieutenant à quatre-vingt-dix livres, un Enseigne à soixante-quinze livres, deux Sergens à trente-cinq livres chacun, trois autres à trente livres, & trois autres à vingt-cinq livres, un Chirurgien à trente livres, quatre Trabans, cinq Tambours, un Fifre, six Caporaux, six Appointez, & cent soixante-quatre Soldats: Sa Majesté a aussi réglé qu'outre les Officiers cy-dessus, les Capitaines qui auront des régimens, seront tenus d'avoir un Capitaine-lieutenant pour commander leur compagnie, qu'ils payeront à raison de deux cens livres par mois.

Etat-major, & Officiers de la Compagnie Générale.

Les Officiers de l'Etat-major, & ceux de la Compagnie générale dudit régiment des Gardes-suisses, continueront à être payez suivant les états & ordres que Sa Majesté fera expédier.

III.

INFANTERIE FRANÇOISE.

Compagnies de Grenadiers.

A l'égard des troupes d'Infanterie françoise, y compris le régiment des Gardes de Lorraine, chaque bataillon composé de dix-sept compagnies, dont une de Grenadiers de quarante-cinq hommes, & seize de Fusiliers de quarante hommes chacune, sera payée, sçavoir, celle de Grenadiers, sur le pied de quatre livres six deniers par jour au

Capitaine, trente-quatre ſols dix deniers au Lieutenant, y compris deux ſols dix deniers de ſupplément; vingt ſols au Sous-lieutenant, douze ſols à chacun des deux Sergens, huit ſols ſix deniers à chacun des trois Caporaux, ſept ſols ſix deniers à chacun des trois Anſpeſſades, ſix ſols ſix deniers à chacun des trente-ſix Grenadiers & un Tambour; & ſix ſols ſix deniers pour chacune des trois payes de gratification que le Capitaine doit recevoir, ſa compagnie étant à quarante-quatre & quarante-cinq hommes; deux deſdites payes, la compagnie étant à quarante-un, quarante-deux & quarante-trois, une ſeulement lorſqu'elle ne ſera qu'à quarante, & rien au-deſſous dudit nombre.

Soldats tirez pour les Grenadiers.

Le Capitaine de Grenadiers, au moyen du traitement ci-deſſus, payera vingt-cinq livres de chaque Soldat qui ſera tiré dans le régiment pour entrer dans ſa compagnie.

Compagnies de Fuſiliers.

Chacune des ſeize compagnies de Fuſiliers ſera payée ſur le pied par jour de trois livres ſix ſols huit deniers au Capitaine, y compris ſeize ſols huit deniers de ſupplément; vingt-deux ſols dix deniers au Lieutenant, y compris deux ſols dix deniers de ſupplément; onze ſols à chacun des deux Sergens, ſept ſols ſix deniers à chacun des trois Caporaux, ſix ſols ſix deniers à chacun des trois Anſpeſſades, cinq ſols ſix deniers à chacun des trente-un Fuſiliers & un Tambour. Le Capitaine, outre l'appointement ci-deſſus, recevra trois payes de gratification, de cinq ſols ſix deniers chacune, lorſque ſa compagnie ſe trouvera compoſée de trente-neuf & de quarante hommes; deux deſdites payes lorſqu'elle ſera à trente-ſix, trente-ſept & trente-huit, une ſeulement à trente-cinq, n'en pouvant prétendre aucune, ſa compagnie étant au-deſſous dudit nombre de trente-cinq hommes.

Soldats ſurnuméraires du régiment du Roi.

Les cinq hommes ſurnuméraires que Sa Majeſté a bien voulu par ſon ordonnance du 7. ſeptembre 1741. entretenir au de-là du complet en chacune des ſoixante-huit compagnies de ſon régiment d'Infanterie, ſans tirer à conſéquence pour les autres régimens, continueront à recevoir leur ſolde ſur le pied de ſix ſols ſix deniers par jour à chaque à chaque Grenadier, & de cinq sols six deniers à chaque Fusilier qui sera présent aux revûes des Commissaires des guerres, jusqu'audit nombre de cinq par compagnie; sans que cela produise aucune augmentation dans les hautes payes, ni dans les payes de gratification desdites compagnies.

Enseignes & Lieutenans en second, conservez avec appointemens.

L'Enseigne qui est en chacune des compagnies Colonelle & Lieutenante-colonelle, le Lieutenant en second qui est conservé dans la troisiéme compagnie de Fusiliers des bataillons Colonels, & les trois Lieutenans en second aussi conservez dans les trois premiéres compagnies de Fusiliers des second, troisiéme & quatriéme bataillons, sur le pied d'un dans chacune desdites trois premiéres compagnies, seront payez, sçavoir, chaque Enseigne, sur le pied par jour de dix-sept sols dix deniers, y compris deux sols dix deniers de supplément; & chaque Lieutenant en second, sur celui de treize sols quatre deniers aussi par jour.

Etat-major.

Les Officiers de l'Etat-major de chaque régiment d'Infanterie françoise, y compris ceux où il y a Prévôté, seront payez sur le pied de trente-trois sols quatre deniers par jour au Colonel, quarante-cinq sols au Lieutenant-colonel, y compris vingt-cinq sols de supplément, outre leurs appointemens de Capitaine; trois livres six sols huit deniers au Major, y compris seize sols huit deniers de supplément; trente-six sols deux deniers à l'Aide-major, y compris deux sols dix deniers de supplément; vingt sols au Marêchal-des-logis, & dix sols à chacun des Aumônier & Chirurgien.

Prévôté, en trente-quatre régimens.

Les Officiers de la Prévôté qui est en chacun des régimens de Picardie, Champagne, Navarre, Piedmont, Normandie, la Marine, Rohan, Bourbonnois, Auvergne, Monaco, Marsan, du Roi, Royal, Lyonnois, Dauphin, Anjou, Eu, la Reine, Royal-des-Vaisseaux, Orléans, la Couronne, Artois, Royal-Roussillon, Condé, Bourbon, Royal-la-Marine, Royal-Comtois, Biron, Nice, Penthiévre, Chartres, Conty, Enghien & Gardes de

Lorraine, feront payez fur le pied par jour de vingt-fix fols huit deniers au Prévôt, treize fols quatre deniers à fon Lieutenant, huit fols quatre deniers au Greffier, & cinq fols à chacun des cinq Archers & à l'Exécuteur de juftice.

Commandant & Aide-major de bataillon.

Le Commandant de bataillon qui n'eft point chef de régiment, aura trente-fix fols huit deniers par jour, dont feize fols huit deniers de fupplément, outre fes appointemens de Capitaine; & l'Aide-major de chacun defdits bataillons, même le cinquiéme qui eft dans le premier bataillon du régiment du Roi, recevra trente-fix fols deux deniers, auffi par jour, y compris deux fols dix deniers de fupplément: Voulant Sa Majefté que l'augmentation ci-deffus mentionnée, continue d'être payée ainfi qu'il eft réglé par l'ordonnance du 20. Avril 1722.

Officiers réformez, à la fuite des régimens.

Les Capitaines & Lieutenans réformez d'Infanterie, auxquels, en conformité de l'ordonnance du 25. Juin 1725. Sa Majefté a fait expédier fes ordres fignez du Sécrétaire d'état de la guerre, pour fervir à la fuite des régimens, feront payez en paffant préfens aux revûes, fur le pied de trente-fept livres dix fols par mois à chaque Capitaine, & vingt livres à chaque Lieutenant.

Maffe.

Outre la folde ci-deffus réglée pour les Sergens, Caporaux, Anfpeffades, Grenadiers, Soldats & Tambours, qui leur fera payée fans aucune retenue, au moyen de quoi ils doivent s'entretenir de linge & de chauffure, il fera donné vingt deniers par jour pour chaque Sergent, & dix deniers pour chacun des autres, même des trois cens quarante Soldats furnuméraires que Sa Majefté a bien voulu entretenir dans fon régiment d'Infanterie, qui formeront une maffe toûjours compléte pour chaque bataillon, fans avoir égard aux hommes qui pourroient manquer dans les compagnies; laquelle demeurera entre les mains du Tréforier, qui en donnera fa reconnoiffance à la fin de chaque mois au Major ou officier chargé du détail du régiment; pour être ladite maffe employée à l'habillement defdits régimens ou bataillons, & remife fur la main-levée des Directeurs ou Infpecteurs generaux, ainfi que par le paffé.

Sa Majesté voulant confirmer le traitement qu'Elle a réglé au sieur de Moncamp par son ordonnance particulière du 25. décembre 1740. Elle ordonne, qu'outre les appointemens de Capitaine de la compagnie qu'il commande dans le régiment des Gardes de Lorraine, il reçoive ceux de Colonel, & qu'il en soit payé sur le pied de trente-trois sols quatre deniers par jour, en passant présent aux revûes des Commissaires des guerres. *Traitement du S.r de Moncamp.*

Les huit compagnies de chacun des cinq bataillons du régiment Royal-Artillerie, composées de soixante-dix hommes chacune, seront payées sur le pied par jour de six livres un sol six deniers au Capitaine, trois livres au Capitaine en second, cinquante sols au premier Lieutenant, quarante sols au Lieutenant en second, trente sols à chacun des deux Sous-lieutenans, vingt sols six deniers à chacun des quatre Sergens, quatorze sols six deniers à chacun des quatre Caporaux, onze sols six deniers à chacun des quatre Anspessades, douze sols à chacun des deux Cadets, neuf sols six deniers à chacun des dix-huit Sapeurs, Canonniers, Bombardiers & deux Tambours, six sols six deniers à chacun des neuf Apprentifs, cinq sols six deniers à chacun des vingt-sept autres; & cinq sols six deniers pour chacune des sept payes de gratification que Sa Majesté accorde au Capitaine, lorsque sa compagnie se trouvera de soixante-sept hommes & au-dessus jusqu'au complet de soixante-dix; six à soixante-cinq & soixante-six, cinq à soixante-trois & soixante-quatre, quatre à soixante-un & soixante-deux, trois à cinquante-neuf & soixante, deux à cinquante-sept & cinquante-huit, & une seulement à cinquante-cinq & cinquante-six: le Capitaine ne devant avoir aucune paye de gratification, sa compagnie étant au-dessous du nombre de cinquante-cinq hommes. *ROYAL-ARTILLERIE. Compagnies.*

L'Etat-major de chacun desdits bataillons, sera payé à raison de cinq livres par jour au Lieutenant-colonel, outre ses appointemens de Capitaine; de six livres au Major, cinq livres à l'Aide-major, & de dix sols à chacun des Aumônier & Chirurgien. *Etat-major.*

Il sera payé cinq livres par jour au Colonel-lieutenant dudit régiment, sçavoir, cinquante-cinq sols pour ses appointemens en ladite qualité, & quarante-cinq sols pour lui tenir lieu de la Prévôté que Sa Majesté a jugé à propos de supprimer, ainsi que le Maréchal-des-logis, pour lequel traitement il sera expédié des ordonnances particulières payables à Paris.

Mineurs. Chacune des cinq compagnies de Mineurs, qui doivent servir séparément ou avec lesdits bataillons, composée de cinquante hommes, sera payée sur le pied par jour de six livres cinq sols au Capitaine, de cinquante sols au premier Lieutenant, quarante sols au second Lieutenant, trente sols à chacun des deux Sous-lieutenans, vingt sols six deniers à chacun des trois Sergens, quatorze sols six deniers à chacun des trois Caporaux, onze sols six deniers à chacun des trois Anspessades, douze sols à chacun des deux Cadets, dix sols six deniers à chacun des seize Mineurs, sept sols à chacun des vingt-deux Apprentifs, neuf sols six deniers au Tambour; & de sept sols pour chacune des cinq payes de gratification que Sa Majesté accorde au Capitaine, lorsque sa compagnie sera de quarante-sept hommes & au-dessus, jusqu'au complet de cinquante; quatre à quarante-cinq & quarante-six, trois à quarante-trois & quarante-quatre, deux à quarante-un & quarante-deux, une seulement à quarante, & rien au-dessous.

Ouvriers. Chacune des cinq compagnies d'Ouvriers, composée de quarante hommes, qui doivent aussi servir avec lesdits bataillons, ou séparément, sera payée sur le pied par jour de six livres au Capitaine, quarante sols au Lieutenant, trente-cinq sols au second Lieutenant, vingt sols à chacun des trois Maîtres-ouvriers, dix-huit sols à chacun des trois Sous-maîtres-ouvriers, quinze sols à chacun des seize Ouvriers, douze sols à chacun des neuf autres, dix sols à chacun des huit Apprentifs & un Tambour; & dix sols pour chacune des quatre payes de gratification que Sa Majesté accorde au Capitaine, sa compagnie étant à trente-

trente-huit hommes & au-dessus jusqu'au complet de quarante; trois à trente-six & trente-sept, deux à trente-quatre & trente-cinq, & une seulement à trente-trois; sans que le Capitaine en puisse prétendre aucune, sa compagnie étant au-dessous dudit nombre de trente-trois.

Appointemens & solde conservez à un Lieutenant & à six Cadets ou Mineurs.

Sa Majesté voulant continuer au sieur de Lorme, aux Cadets & aux Mineurs entretenus dans le bataillon de la Borie, ou dans les compagnies de Mineurs, les mêmes appointemens & solde qu'ils avoient dans les compagnies de Destouches & de la Roche du régiment de Bombardiers, & dans celles de Mineurs de Valiere, Dabin, Voilain & de de Lorme, jusqu'à ce qu'ils parviennent à d'autres grades équivalents; son intention est qu'il soit payé dix sols par jour audit sieur de Lorme, outre les cinquante sols qu'il reçoit en qualité de premier Lieutenant de la compagnie de Mineurs de de Lorme son frere; & qu'au lieu de quatorze sols six deniers ci-dessus ordonnez pour les Caporaux, douze sols à chaque Cadet, dix sols six deniers à chaque Mineur, & neuf sols six deniers à chaque Bombardier, il soit payé, sçavoir, vingt sols au nommé Dauphiné Caporal dans la compagnie de Mineurs de Turmel, pareils vingt sols au nommé Dominique, quinze sols au nommé Gremieux, entretenus Mineurs dans la compagnie d'Antoniazy; & pareils quinze sols au nommé la Bastide de la compagnie de de Lorme.

Masse du régiment Royal-Artillerie, & des compagnies de Mineurs & d'Ouvriers.

Outre la solde cy-dessus réglée, il sera payé, ainsi que dans les autres régimens d'Infanterie françoise, vingt deniers par jour pour chaque Sergent, & chacun des trois Maistres-ouvriers dans les compagnies d'Ouvriers, & dix deniers pour chaque Caporal, Anspessade, Canonnier, Bombardier, Sapeur, Mineur, Sous-maître-ouvrier, Ouvrier, Apprentif, Cadet, Fusilier & Tambour, qui formeront une masse toûjours compléte, laquelle sera délivrée sur la main-levée du Directeur général des écoles d'artillerie, & employée à l'habillement desdits bataillons & compagnies.

COMPAGNIE de DREUX.

La compagnie de Dreux, qui est aux Isles Sainte-

Marguerite & S. Honorat, composée d'un Capitaine, deux Lieutenans, deux Sergens, un Caporal, un Anspessade, trente Soldats & un Tambour, sera payée sur le pied par jour de quatorze livres trois sols quatre deniers au Capitaine, y compris onze livres cinq sols d'augmentation; trois livres trois sols quatre deniers à chacun des deux Lieutenans, y compris trente-trois sols quatre deniers d'augmentation; douze sols à chacun des deux Sergens, huit sols au Caporal, sept sols à l'Anspessade, six sols à chacun des trente Soldats & au Tambour; & le Chapelain qui est avec ladite compagnie, recevra seize sols huit deniers par jour.

Compagnies Franches d'Infanterie.

Partisans.

Compagnies.

Les compagnies de Bock, la Haye, Galhau, Duchemin, Pauly, la Harte, la Croix, Jacob & Dulimont, composées de cent cinquante hommes chacune, seront payées sur le pied par jour de sept livres dix sols au Capitaine en pied, trente sols au Capitaine réformé, vingt-sept sols huit deniers à chacun des Lieutenans en premier & en second, seize sols huit deniers à chacun des cinq Lieutenans réformez, onze sols à chacun des six Sergens, neuf sols six deniers à chacun des neuf Caporaux, sept sols six deniers à chacun des neuf Anspessades, & cinq sols six deniers à chacun des cent vingt-trois Fusiliers & trois Tambours: le Capitaine recevra en outre huit payes de gratification, lorsque sa compagnie se trouvera à cent quarante-quatre hommes & au-dessus, jusqu'au complet de cent cinquante; six à cent quarante, cent quarante-un, cent quarante-deux & cent quarante-trois; quatre à cent trente-sept, cent trente-huit & cent trente-neuf; deux à cent trente-cinq & cent trente-six, & rien au-dessous dudit nombre de cent trente-cinq.

Compagnie de Vandal.

La compagnie de Vandal, composée de cent Fusiliers, sera payée sur le pied par jour de cinq livres au Capitaine en pied, trente sols au Capitaine réformé, vingt-sept sols huit deniers à chacun des Lieutenans en premier & en second, seize sols huit deniers à chacun des quatre Lieutenans réformez, onze sols à chacun des quatre Sergens, neuf sols six deniers à chacun des six Caporaux, fept fols fix deniers à chacun des fix Anfpeffades, & cinq fols fix deniers à chacun des quatre-vingt-deux Fufiliers & deux Tambours : le Capitaine recevra en outre fix payes de gratification, fa compagnie étant compofée de quatre-vingt-quinze hommes & au-deffus, jufqu'au complet de cent hommes, quatre defdites payes à quatre-vingt-dix jufqu'à quatre-vingt-quatorze, deux feulement à quatre-vingt jufqu'à quatre-vingt-neuf, & rien au-deffous dudit nombre de quatre-vingt.

Compagnie de Bruck.

La compagnie de Bruck, compofée de cinquante Fufiliers-guides, fera payée fur le pied par jour de quatre livres au Capitaine, vingt-fept fols huit deniers au Lieutenant en pied, feize fols huit deniers au Lieutenant réformé, treize fols à chacun des deux Sergens, dix fols fix deniers à chacun des trois Caporaux, huit fols fix deniers à chacun des trois Anfpeffades, & fix fols fix deniers à chacun des quarante-un Fufiliers-guides & un Tambour : le Capitaine recevra en outre trois payes de gratification, de fix fols fix deniers chacune, fa compagnie étant compofée de quarante-neuf & cinquante hommes; deux lorfqu'elle fera de quarante-fix, quarante-fept & quarante-huit, une feulement à quarante-cinq, & rien au-deffous dudit nombre.

Officiers réformez attachez à la fuite des compagnies franches d'Infanterie.

A l'égard des Officiers réformez entretenus à la fuite defdites compagnies franches, ils feront payez, fçavoir, chaque Capitaine réformé fur le pied de quarante-cinq livres par mois, & les Lieutenans réformez de vingt-cinq livres auffi par mois, en paffant préfens aux revûes des Commiffaires ordinaires des guerres.

Maffe des compagnies franches d'Infanterie.

Outre la folde ci-deffus, il fera payé vingt deniers par jour pour chaque Sergent, & dix deniers pour chaque Soldat, Fufilier-guide & Tambour, qui compoferont une maffe toûjours complète, deftinée à l'habillement defdites compagnies, laquelle fera délivrée fur la main-levée du Directeur ou Infpecteur général de l'Infanterie.

INVALIDES.

Les compagnies détachées de l'Hôtel royal des Invalides, de foixante hommes chacune, feront payées, à la réferve de celles dont il fera parlé cy-après, fur le pied par jour de cinquante sols au Capitaine, de vingt sols à chaque Lieutenant, dix sols à chacun des trois Sergens, sept sols à chacun des trois Caporaux, six sols à chacun des trois Anspessades, & cinq sols à chacun des cinquante Soldats & un Tambour : s'il se trouve des surnuméraires dans lesdites compagnies, les Commissaires des guerres les comprendront dans leurs revûes, & ils continueront d'être payez comme il a été réglé par l'Ordonnance du 22. juin 1737. de cinq sols de solde par jour.

Compagnie de Dupuy.

La compagnie de Dupuy, de quatre-vingt hommes, recevra le même traitement porté cy-dessus pour les compagnies dudit Hôtel, de soixante hommes, & les vingt hommes d'augmentation seront payez sur le pied de cinq sols chacun par jour.

Compagnie de Saint-Julien.

La compagnie de Saint-Julien, en garnison au château de Dijon, qui a été portée jusqu'à cent hommes par ordonnance particulière du 15. Octobre 1740. sera payée sur le pied par jour de cinquante sols au Capitaine, de vingt sols à chacun des cinq Lieutenans, dix sols à chacun des trois Sergens, sept sols à chacun des trois Caporaux, six sols à chacun des trois Anspessades, & cinq sols à chacun des quatre-vingt-onze Fusiliers, compris les Tambours.

Compagnie de Jacquet.

La compagnie de Jacquet, de soixante-dix hommes, sera payée à raison de cinquante sols par jour au Capitaine, pareils cinquante sols au Capitaine en second, vingt sols à chaque Lieutenant, douze sols à chacun des trois Sergens, neuf sols à chacun des trois Caporaux, huit sols à chacun des trois Anspessades, & sept sols à chacun des soixante Fusiliers & un Tambour.

Compagnies de bas-Officiers de Chazal & de Beausoleil.

Les compagnies de Chazal & de Beausoleil, de bas-Officiers, de cent cinquante hommes chacune, seront payées sur le pied par jour de cinquante sols au Capitaine, pareils cinquante sols au Capitaine en second, vingt sols à chacun des six Lieutenans, douze sols à chacun des six Sergens, neuf sols à chacun des six Caporaux, huit sols à chacun des six Anspessades, & sept sols à chacun des cent trente Fusiliers & deux Tambours.

Les

Les compagnies d'Autanne, Bruchet & Laurisse, aussi de bas-Officiers, qui servent à Luneville à la garde à pied du Roy de Pologne, composées chacune de cent quarante hommes, seront payées sur le pied par jour de trois livres au Capitaine, trente sols à chacun des trois Lieutenans, douze sols à chacun des six Sergens, neuf sols à chacun des six Caporaux, huit sols à chacun des six Anspessades, & sept sols à chacun des cent dix-huit Fusiliers & quatre Tambours; & le sieur Vaillant Aide-major, chargé du détail desdites compagnies, sera payé sur le pied de trois livres aussi par jour. *Compagnies de bas-Officiers de d'Autanne, Bruchet & Laurisse.*

La compagnie de Dornet, aussi de bas-Officiers, servant à la citadelle de Challon-sur-Saône, composée de soixante-dix hommes, sera payée sur le pied par jour de cinquante sols au Capitaine, vingt sols à chacun des deux Lieutenans, douze sols à chacun des trois Sergens, neuf sols à chacun des trois Caporaux, huit sols à chacun des trois Anspessades, & sept sols à chacun des soixante-un Fusiliers, compris un Tambour. *Compagnie de bas-Officiers de Dornet.*

La compagnie de bas-Officiers de d'Apremont, servant dans la Principauté de Porentruy, composée de quatre-vingt hommes, sera payée sur le pied par jour de cinquante sols au Capitaine, vingt sols à chacun des quatre Lieutenans, douze sols à chacun des quatre Sergens, neuf sols à chacun des quatre Caporaux, huit sols à chacun des quatre Anspessades, & sept sols à chacun des soixante-huit Fusiliers, compris un Tambour. *Compagnies de bas-Officiers de d'Apremont.*

La compagnie de Merciére, en garnison à l'Orient, composée de cent hommes, sera payée sur le pied par jour de cinquante sols au Capitaine, vingt sols à chacun des cinq Lieutenans, dix sols à chacun des quatre Sergens, sept sols à chacun des quatre Caporaux, six sols à chacun des quatre Anspessades, & cinq sols à chacun des quatre-vingt-huit Fusiliers, compris les Tambours. *Compagnie de Merciére.*

Les bataillons de milice levez dans les provinces du Royaume, composez chacun de douze compagnies de cinquante hommes, seront payez tant qu'ils serviront dans *MILICES.*

Compagnies. les places de guerre ou sur les frontiéres, sur le pied, sçavoir, chaque compagnie, de trois livres par jour au Capitaine, vingt sols au Lieutenant, onze sols à chacun des deux Sergens, sept sols six deniers à chacun des trois Caporaux, six sols six deniers à chacun des trois Anspessades, cinq sols six deniers à chacun des quarante-un Fusiliers, & sept sols six deniers au Tambour.

Commandans & Aide-majors de bataillons. Il sera payé, aussi par jour, trente sols au Lieutenant-Colonel, & où il n'y en aura pas, au Capitaine-Commandant de chaque bataillon, outre ses appointemens de Capitaine, & quarante-cinq sols à l'Aide-major.

Retenue sur la solde, pour linge & chaussure des Milices. Veut Sa Majesté qu'il soit retenu sur la solde, un sol par jour à chaque Sergent, & six deniers à chaque Caporal, Anspessade, Fusilier & Tambour, pour faire une masse qui sera remise entre les mains de l'Aide-major, pour leur être délivrée & employée par les soins des Commissaires des guerres, à les fournir de linge & de chaussure.

MILICES DE LORRAINE. Chacun des six bataillons des trois régimens de milice levez dans les Duchés de Lorraine & de Bar, composé de douze compagnies de cinquante hommes, sera payé tant qu'il servira dans les places de guerre ou sur les frontiéres, sur le pied par jour de trois livres au Capitaine *Compagnies.* de chacune desdites compagnies, vingt sols au Lieutenant, onze sols à chacun des deux Sergens, sept sols six deniers à chacun des trois Caporaux, six sols six deniers à chacun des trois Anspessades, cinq sols six deniers à chacun des quarante-un Fusiliers, & sept sols six deniers au Tambour.

Etat-major. Les Officiers de l'Etat-major de chacun desdits trois régimens, seront payez sur le pied par jour de quarante sols au Colonel, trente sols à chaque Commandant de bataillon, outre leurs appointemens de Capitaine, trois livres à chaque Major, & quarante-cinq sols à chaque Aide-major.

TROUPES BOULONNOISES. Les trois régimens de troupes Boulonnoises, composez chacun de treize compagnies, seront payez pendant qu'ils serviront dans les places, sçavoir, la compagnie de Grenadiers de quarante-cinq hommes, sur le pied par jour de quatre livres six deniers au Capitaine, trente-quatre sols dix deniers au Lieutenant, douze sols à chacun des deux Sergens, huit sols six deniers à chacun des trois Caporaux, sept sols six deniers à chacun des trois Anspessades, six sols six deniers à chacun des trente-six Grenadiers & au Tambour; & six sols six deniers pour chacune des trois payes de gratification que le Capitaine doit recevoir, sa compagnie étant de quarante-cinq & quarante-quatre hommes, deux desdites payes la compagnie étant à quarante-un, quarante-deux & quarante-trois, une seulement lorsqu'elle ne sera qu'à quarante, & rien au-dessous dudit nombre. *Compagnie de Grenadiers.*

Chacune des douze compagnies de Fusiliers, composées de quarante hommes, sera payée à raison par jour de trois livres six sols huit deniers au Capitaine, vingt-deux sols dix deniers au Lieutenant, onze sols à chacun des deux Sergens, sept sols six deniers à chacun des trois Caporaux, six sols six deniers à chacun des trois Anspessades, & cinq sols six deniers à chacun des trente-un Fusiliers & un Tambour: le Capitaine, outre l'appointement ci-dessus, recevra trois payes de gratification de cinq sols six deniers chacune, lorsque sa compagnie se trouvera composée de quarante & trente-neuf hommes, deux desdites payes lorsqu'elle sera à trente-six, trente-sept & trente-huit, une seulement à trente-cinq; n'en pouvant prétendre aucune, sa compagnie étant au-dessous dudit nombre de trente-cinq hommes. *Compagnies de Fusiliers.*

L'Enseigne qui est en chacune des compagnies Colonelle & Lieutenante-colonelle, sera payé sur le pied par jour de dix-sept sols six deniers. *Enseignes.*

Les Officiers de l'Etat-major de chacun desdits trois régimens, seront payez sur le pied par jour de trente-trois sols quatre deniers au Colonel, quarante-cinq sols au Lieutenant-colonel, outre leurs appointemens de Capitaine; trois livres six sols huit deniers au Major, trente-six sols deux deniers à l'Aide-major, vingt sols au Maréchal- *Etat-major.*

des-logis, & dix ſols à chacun des Aumônier & Chirurgien.

Maſſe des troupes Boulonnoiſes.

Outre la ſolde cy-deſſus réglée pour les Sergens, Caporaux, Anſpeſſades, Grenadiers, Soldats & Tambours, qui leur ſera payée ſans aucune retenue, au moyen de quoi ils doivent s'entretenir de linge & de chauſſure, il ſera donné vingt deniers par jour pour chaque Sergent, & dix deniers pour chacun des autres, qui formeront une maſſe toûjours compléte pour chaque bataillon, ſans avoir égard aux hommes qui pourroient manquer dans les compagnies; laquelle demeurera entre les mains du Tréſorier, qui en donnera ſa reconnoiſſance à la fin de chaque mois au Major, ou autre Officier chargé du détail du régiment, pour être ladite maſſe employée à l'habillement deſdits régimens, & remiſe ſur la main-levée de l'Inſpecteur deſdites troupes Boulonnoiſes.

Compagnie d'Arquebuſiers d'Aygoin.

La compagnie d'Arquebuſiers d'Aygoin, de ſoixante hommes, levée en Rouſſillon en conſéquence de l'ordonnance particulière du 10. février 1739. continuera d'être payée ſur le pied par jour de cinq livres au Capitaine, trente ſols à chacun des premier & ſecond Lieutenans, quinze ſols à chacun des trois Brigadiers, & neuf ſols à chacun des cinquante-cinq Arquebuſiers & deux Tambours.

Retenue pour l'habillement de la compagnie.

Il ſera retenu pour l'habillement des Officiers & Arquebuſiers de ladite compagnie, vingt ſols par jour ſur les appointemens du Capitaine, dix ſols ſur ceux de chaque Lieutenant, quatre ſols ſur la ſolde de chaque Brigadier, & deux ſols ſur celle de chaque Arquebuſier & Tambour; laquelle retenue demeurera entre les mains du Commis de l'Extraordinaire des guerres en Rouſſillon, qui en donnera ſa reconnoiſſance mois par mois au Capitaine de ladite compagnie, & il n'en remettra le fonds que ſur la main-levée de l'Intendant de ladite province de Rouſſillon.

IV.

IV.

INFANTERIE ÉTRANGÈRE.

QUANT aux troupes d'Infanterie étrangère que Sa Majesté entretient à son service, elles seront payées, sçavoir :

Les compagnies des régimens Suisses & Grisons qu'Elle a destinez pour servir dans ses armées, sur le pied de dix-sept livres huit sols par mois pour chaque homme & pour chacune des vingt-sept payes de gratification que Sa Majesté accorde au Capitaine, sa compagnie étant du nombre de cent soixante-six & au dessus jusqu'à cent soixante-quinze, les Officiers compris ; dix-sept desdites payes, lorsqu'elle sera de cent cinquante-cinq jusqu'à cent soixante-cinq, seize depuis cent quarante-cinq jusqu'à cent cinquante-quatre inclusivement ; & s'il arrivoit que la compagnie se trouvât au dessous dudit nombre de cent quarante-cinq hommes, elle ne sera payée que pour les effectifs, sans payes de gratification au Capitaine. *Suisses & Grisons.*

Les compagnies des régimens Suisses ou compagnies franches, qui demeureront dans les garnisons, continueront à être payées sur le pied de seize livres par homme par mois & pour chaque paye de gratification ; desquelles payes les Capitaines doivent jouir sur le pied des gradations portées ci-devant pour ceux des régimens destinez à servir dans les armées.

Au moyen de la solde ci-dessus, chaque Capitaine doit avoir & entretenir dans sa compagnie un Capitaine-lieutenant à cent livres par mois, un Lieutenant à soixante-quinze livres, un Sous-lieutenant à cinquante livres, un Enseigne à quarante-sept livres, deux Sergens à vingt-cinq livres chacun, deux autres à vingt livres, un Fourrier aussi à vingt livres, un Porte-enseigne & un Capitaine d'armes à dix-huit livres chacun, un Prévôt à quinze livres, six Caporaux, six Anspessades & cent cinquante Fusiliers, compris les Tambours & Fifre : étant à observer que dans les compagnies dont les Capitaines ne servent point au corps, le Capitaine-lieutenant doit recevoir cent trente livres, & qu'il doit y avoir deux Lieutenans au lieu d'un, payez chacun à soixante-quinze livres par mois.

L'Etat-major de chacun des régimens Suisses qui servira en campagne, sera payé à raison de dix-neuf cens soixante livres huit sols par mois; & ceux des régimens qui demeureront en garnison, sur le pied de mille livres seulement, le payement devant en être fait où la compagnie colonelle du régiment se trouvera.

Sur la composition des demi-compagnies, le service des Capitaines titulaires & Capitaines-lieutenans commandans.

Comme il y a des compagnies qui sont composées de deux demi-compagnies Suisses & Grisonnes, de quatre-vingt-sept hommes chacune, pour faire le service d'une compagnie entiére; l'intention de Sa Majesté est que le complet desdites deux compagnies soit aussi à cent soixante-six hommes & au-dessus jusqu'à cent soixante-quinze, pour les payes de gratification, sans avoir égard si une des deux demi-compagnies est plus forte en nombre que l'autre; Sa Majesté laissant aux Capitaines la liberté de s'accommoder entre eux là-dessus : & Elle trouve bon que lesdits Capitaines dont les compagnies seront ainsi couplées, y servent alternativement pendant un an, & que celuy des deux qui pourra s'absenter, soit payé comme présent : Sa Majesté veut bien aussi que les Capitaines-lieutenans commandant les compagnies dont les Capitaines servent à d'autres emplois, s'absentent alternativement; mais Elle ordonne que pendant l'année de leur absence, ils ne reçoivent que cinquante livres par mois, au lieu de cent trente qu'ils ont pendant l'année de leur service.

Appointemens d'Officiers des troupes Suisses licenciées.

Sa Majesté ayant par son ordonnance du premier mai 1737. entretenu avec des appointemens, dans les régimens Suisses & Grisons, les officiers des compagnies qui avoient été levées en vertu des ordonnances des 10. novembre 1733. & premier juin 1734. & qui ont été licenciées à la réforme du 8. janvier 1737. mais plusieurs desdits Officiers ayant depuis quitté le service, ou été remplacez, il n'est nécessaire de rappeller icy que ceux qui existent actuellement dans les régimens, lesquels continueront d'être payez en conséquence de l'état ci-après.

REGIMENS où ils doivent servir.	NOMS DES OFFICIERS.	Appointemens dont ils doivent jouir par an.
BETTENS...	GABRIEL FISCHER, en dernier lieu Capitaine-lieutenant, & auparavant Sous-lieutenant dans ce régiment	600. liv.
VIGIER....	JOSUÉ BRUN, en dernier lieu Capitaine d'une demi-compagnie, & auparavant Capitaine-lieutenant dans le régiment de Brendlé	1200.
	GEORGE-ANTOINE GILLY, en dernier lieu Capitaine-commandant, & auparavant Sous-lieutenant dans le régiment de Courten. . . .	600.
	JEAN-GEORGE FÉER, en dernier lieu Capitaine-lieutenant, & auparavant Lieutenant dans le régiment de Wittmer	900.
SEEDORFF...	JEAN-HENRY HIRTZEL, en dernier lieu Capitaine d'une demi-compagnie, & auparavant Lieutenant dans ce régiment.	900.
	JEAN MURALT, en dernier lieu Capitaine d'une demi-compagnie, & auparavant Enseigne dans le régiment des Gardes-suisses	900.
MONIN....	JEAN-LOUIS PERDRIAU, en dernier lieu Capitaine-commandant, & auparavant Sous-lieutenant dans le régiment de Diesbach. . . .	600.
	BENOIST ACKERMAN, en dernier lieu Capitaine-lieutenant, & auparavant Lieutenant dans ce régiment	900.
	CHRISTIAN EDINGUER, en dernier lieu Capitaine-lieutenant, & auparavant Sous-lieutenant dans le régiment de Wittmer	600.
LA COUR-AU-CHANTRE...	GRATIAN DE JOSSAUD, en dernier lieu Capitaine-commandant, & auparavant Sous-lieutenant dans ce régiment	600.
	FRANÇOIS-LOUIS JACOBEL, en dernier lieu Capitaine-lieutenant, & auparavant Lieutenant dans le régiment de May	900.
DIESBACH...	JOST-ANTOINE SCHMIDT, en dernier lieu Capitaine-commandant, & auparavant Sous-lieutenant dans le régiment de Wittmer. . . .	600.
	VICTOR JOSEPH ROOL, en dernier lieu Capitaine-commandant, & auparavant Enseigne de la Générale	900.
COURTEN...	JEAN-JACQUES HARDER, en dernier lieu Capitaine-commandant, & auparavant Lieutenant dans ce régiment.	900.

Lesdits Officiers ne pourront être payez qu'en passant présens aux revûes des Commissaires des guerres des régimens où ils doivent servir, & les appointemens qui leur sont ci-dessus réglez, seront supprimez du jour de leur remplacement. Lorsqu'ils auront des affaires qui exigeront leur présence chez eux, Sa Majesté voudra bien leur faire expédier des congés pour quatre mois seulement de chaque année, pendant lesquels ils seront passez absens comme présens, & payez de leurs appointemens à leur retour: Déclarant Sa Majesté qu'Elle ne leur accordera point de prolongation ni de relief, sous quelque prétexte que ce soit, & que s'il arrivoit que quelqu'un d'entr'eux fût absent pendant six mois au de-là de son congé, Sa Majesté donneroit ses ordres pour le faire ôter de l'état du régiment.

Compagnie Suisse d'Heuberger.

La compagnie Suisse d'Heuberger, de quatre-vingt hommes, doit avoir la moitié des officiers ci-dessus marquez pour une compagnie de cent soixante-quinze hommes, & être payée sur le pied de seize livres par homme par mois, & pour chacune des treize payes & demie de gratification que le Capitaine doit avoir, sa compagnie étant de soixante-douze jusqu'à quatre-vingt hommes, les officiers compris, huit desdites payes à soixante-cinq, & au-dessus jusqu'à soixante-onze inclusivement; ne devant être payé que pour les effectifs, sans paye de gratification, si la compagnie se trouve au-dessous dudit nombre de soixante-cinq.

Compagnies de Reynold, & de Travers.

Les compagnies Suisses de Reynold, & de Grisons de Travers, de cinquante hommes chacune, les officiers compris, doivent avoir le quart des officiers d'une compagnie de cent soixante-quinze hommes, & être payées sur le pied de seize livres par mois par homme & paye de gratification: le Capitaine recevra sept desdites payes de gratification, quand sa compagnie se trouvera de quarante-deux jusqu'à cinquante hommes, & cinq payes lorsqu'elle sera de trente-huit jusqu'à quarante-un; sans que le Capitaine puisse prétendre aucune paye, la compagnie étant au-dessous dudit nombre de trente-huit, les Officiers compris.

S'il

S'il arrive qu'un Officier des compagnies des régimens Suisses & Grisons, & des compagnies d'Heuberger, Reynold & Travers, s'absente sans congé, ou qu'il outrepasse celui qui luy aura été accordé, il sera retenu sur la solde de ladite compagnie, outre la paye personnelle de l'officier, huit payes par mois, pour l'absence du Capitaine ou Capitaine-lieutenant; six payes pour celle du Lieutenant ou second Lieutenant, quatre pour le Sous-lieutenant, & trois pour celle de l'Enseigne, pendant le tems que l'absence de l'Officier aura duré.

Retenue pour l'absence des Officiers Suisses & Grisons.

ALLEMANDS.

CINQ RÉGIMENS.

Compagnies.

Les vingt-quatre compagnies qui composent les trois bataillons du régiment d'Alsace, & les seize des deux bataillons de chacun des régimens d'Infanterie Allemande de Saxe, la Marck, Royal-Suédois & Royal-Baviere, de quatre-vingt hommes chacune, seront payées sur le pied de quatorze livres dix sols par mois par homme, & pour chacune des onze payes de gratification que Sa Majesté accorde au Capitaine, sa compagnie étant de soixante-quinze à quatre-vingt hommes, neuf de soixante-dix à soixante-quatorze, sept de soixante-cinq à soixante-neuf, & cinq seulement de soixante à soixante-quatre inclusivement; le Capitaine ne devant être payé que pour les effectifs, lorsque sa compagnie se trouvera au-dessous dudit nombre de soixante. Il sera payé en outre quatre-vingt-dix livres par mois au Capitaine en pied, pour ses appointemens, pareilles quatre-vingt-dix livres au Capitaine réformé, soixante livres au premier Lieutenant, cinquante-une livres au second Lieutenant, & quarante-huit livres à l'Enseigne de chaque compagnie: Entendant Sa Majesté que dans ledit nombre de quatre-vingt hommes, soient compris & payez par le Capitaine, un premier Sergent à treize sols par jour, deux autres à douze sols, un quatriéme à onze sols, un Fourrier & un Capitaine d'armes à neuf sols chacun, deux Fourriers-schutz à huit sols chacun, quatre Caporaux & deux Tambours à sept sols chacun, huit Anspessades & six Grenadiers à six sols chacun, & cinquante-deux Fusiliers à cinq sols six deniers chacun.

Etat-major & Prévôté des cinq régimens Allemands, Commandans & Aides-majors de bataillons.

Il sera payé pour l'Etat-major de chacun desdits régimens, mille livres par mois au Colonel, cent soixante livres au Lieutenant-colonel, outre ce qu'ils reçoivent comme Capitaines; trois cens livres au Major, cent livres à l'Interpréte, quatre-vingt-dix livres à l'Aide-major qui ne pourra y avoir d'autre charge, quarante-cinq livres à l'Aumônier, cinquante livres à chacun des Chirurgien & Auditeur, quarante livres au Prévôt, vingt livres à chacun des Greffier & Tambour-major, dix-huit livres à chacun des deux Archers & à l'Exécuteur de justice, soixante livres à chaque Commandant des second & troisiéme bataillons du régiment d'Alsace, & des seconds bataillons des quatre autres régimens, outre ce qu'il reçoit comme Capitaine, & quatre-vingt-dix livres à chaque Aide-major desdits second & troisiéme bataillons.

Officiers réformez, Colonels & Lieutenans-colonels.

Les Colonels & Lieutenans-colonels réformez, entretenus à la suite desdits régimens, seront payez sur le pied de cent trente-six livres dix-sept sols six deniers par mois, à l'exception de ceux auxquels il a été expédié des ordres par lesquels il leur est réglé un traitement particulier, dont ils continueront de jouir.

Capitaines & Lieutenans.

A l'égard des Capitaines & Lieutenans réformez, entretenus à la suite desdits régimens, ceux qui composent les brigades qui en sont détachées, & ceux qui ont des ordres pour servir dans les places, ou qui en obtiendront par la suite, ils seront payez en conformité de l'Ordonnance du premier mai 1737. & de l'état y joint, sçavoir, les Capitaines de la premiére classe, à quatre-vingt-dix livres par mois; ceux de la seconde, à soixante livres; ceux de la troisiéme, à cinquante livres; & ceux de la quatriéme, à trente-sept livres dix sols: & les Lieutenans de la premiére classe, à quarante-huit livres; ceux de la seconde, à trente livres; & ceux de la troisiéme, à vingt livres.

Commandans des brigades d'Alsace, la Marck & Royal-Suédois.

Les sieurs de Valbrun commandant la brigade d'Alsace, Camberfort commandant la brigade de la Marck, & Hieronimy commandant celle de Royal-Suédois, continueront d'être payez sur le pied de quatre-vingt-dix livres chacun par mois; & ceux qui les remplaceront dans le commandement desdites brigades, recevront le même traitement.

Commandant de la brigade françoise.

Le sieur Delort commandant la brigade à la paye françoise, recevra, suivant l'article VII. de ladite ordonnance du premier mai 1737. vingt-cinq livres par mois en ladite qualité, outre les trente-sept livres dix sols à lui attribuez aussi par mois en celle de Capitaine.

RÉGIMENT ROYAL-ITALIEN.

Compagnie de Grenadiers.

Le régiment Royal-Italien, composé de douze compagnies de cinquante hommes chacune, sera payé, sçavoir, la compagnie de Grenadiers, sur le pied de six livres par jour au Capitaine, trois livres quatre sols au Lieutenant, deux livres au Sous-lieutenant, quinze sols à chacun des trois Sergens, dix sols dix deniers à chacun des trois Caporaux, neuf sols cinq deniers à chacun des cinq Anspessades & un Tambour, & huit sols à chacun des trente-huit Grenadiers : le Capitaine aura en outre sept payes de gratification, de huit sols chacune, dont il en recevra trois, sa compagnie étant composée de quarante-deux à quarante-quatre hommes, cinq lorsqu'elle sera de quarante-cinq à quarante-sept, & sept de quarante-huit à cinquante ; ne devant avoir aucune desdites payes de gratification, lorsqu'elle se trouvera au-dessous du nombre de quarante-deux hommes.

Compagnies de Fusiliers.

Chacune des onze compagnies de Fusiliers dudit régiment, sera payée sur le pied de cinq livres par jour au Capitaine, deux livres au Lieutenant, trente sols à l'Enseigne, quatorze sols à chacun des trois Sergens, neuf sols dix deniers à chacun des trois Caporaux, huit sols cinq deniers à chacun des cinq Anspessades & un Tambour, sept sols six deniers à chacun des dix Appointez, & sept sols à chacun des vingt-huit Fusiliers : le Capitaine aura en outre sept payes de gratification, de sept sols chacune, dont il en recevra trois, sa compagnie étant composée de quarante-deux à quarante-quatre hommes, cinq lorsqu'elle sera de quarante-cinq à quarante-sept,

& ſept de quarante-huit à cinquante ; ne devant avoir aucune paye de gratification, lorſqu'elle ſe trouvera au-deſſous du nombre de quarante-deux hommes.

Etat-major & Prévôté du régiment Royal-Italien.

L'Etat-major dudit régiment ſera payé ſur le pied de ſeize livres treize ſols quatre deniers par jour au Colonel, quatre livres au Lieutenant-colonel, outre leurs appointemens de Capitaine, dix livres au Major, cinq livres à l'Interprète, trois livres à l'Aide-major, trente ſols au Maréchal-des-logis, quarante ſols à l'Aumônier, quinze ſols au Chirurgien, quarante ſols au Prévôt, vingt ſols à ſon Lieutenant, douze ſols ſix deniers au Greffier, huit ſols quatre deniers à chacun des cinq Archers & à l'Exécuteur de juſtice, & dix ſols au Tambour-major.

Officiers réformez du régiment Royal-Italien.

Il ſera payé cent livres par mois à chaque Colonel réformé entretenu à la ſuite dudit régiment, quatre-vingt-trois livres ſix ſols huit deniers à chaque Lieutenant-colonel, ſoixante livres à chaque Capitaine, & trente livres à chaque Lieutenant.

Officiers de la brigade détachée dudit régiment.

Chaque Capitaine réformé ſervant dans ladite brigade, recevra ſoixante livres d'appointemens par mois, & chaque Lieutenant trente livres.

RÉGIMENT ROYAL-CORSE.

Compagnie de Grenadiers.

Le régiment Royal-Corſe, dont la levée a été faite & le payement réglé en conſéquence des ordonnances particulières de Sa Majeſté des 10. & 31. août 1739. ſur le pied de douze compagnies de cinquante hommes chacune, continuera d'être payé, ſçavoir, celle de Grenadiers, à raiſon de ſix livres par jour au Capitaine, trois livres quatre ſols au Lieutenant, deux livres au Sous-lieutenant, quinze ſols à chacun des deux Sergens, dix ſols dix deniers à chacun des trois Caporaux, neuf ſols cinq deniers à chacun des cinq Anſpeſſades & un Tambour, & huit ſols à chacun des trente-neuf Grenadiers : le Capitaine aura en outre cinq payes de gratification de huit ſols chacune, dont il en recevra trois, ſa compagnie étant compoſée de quarante hommes, quatre lorſqu'elle ſera de quarante-un à quarante-cinq, & cinq de quarante-ſix à cinquante ; ne devant avoir aucune deſdites payes de gratification

gratification lorsqu'elle se trouvera au-dessous du nombre de quarante hommes.

Compagnies de Fusiliers.

Chacune des onze compagnies de Fusiliers sera payée sur le pied de cinq livres par jour au Capitaine, deux livres au Lieutenant, trente sols à l'Enseigne, quatorze sols à chacun des deux Sergens, neuf sols dix deniers à chacun des trois Caporaux, huit sols cinq deniers à chacun des cinq Anspessades & un Tambour, sept sols six deniers à chacun des dix Appointés, & sept sols à chacun des vingt-neuf Fusiliers: le Capitaine recevra en outre cinq payes de gratification de sept sols chacune, dont il en aura trois sa compagnie étant composée de quarante hommes, quatre lorsqu'elle sera de quarante-un à quarante-cinq, & cinq de quarante-six à cinquante; ne devant avoir aucune desdites payes de gratification, lorsqu'elle se trouvera au-dessous du nombre de quarante hommes.

E'tat-major du régiment Royal-Corse, sans Prévôté.

L'Etat-major dudit régiment sera payé sur le pied de seize livres treize sols quatre deniers par jour au Colonel, trois livres au Lieutenant-colonel, outre leurs appointemens de Capitaine, huit livres au Major, trois livres à l'Aide-major, trente sols au Maréchal-des-logis, quarante sols à l'Aumônier, quinze sols au Chirurgien, & dix sols au Tambour-major.

Officiers réformez du régiment Royal-Corse.

Les Officiers réformez que Sa Majesté jugera à propos d'entretenir à la suite dudit régiment, seront payez de leurs appointemens sur le pied par mois, sçavoir, de cent livres à chaque Colonel, quatre-vingt-trois livres six sols huit deniers à chaque Lieutenant-colonel, soixante livres à chaque Capitaine, & trente livres à chaque Lieutenant.

IRLANDOIS.

BULKELEY, CLARE & DILLON.

Compagnies de Grenadiers.

Les régimens Irlandois de Bulkeley, Clare & Dillon, composez chacun d'un bataillon de dix-sept compagnies, seront payez, sçavoir, la compagnie de Grenadiers de quarante-cinq hommes, sur le pied de six livres par jour au Capitaine en pied, trois livres six sols huit deniers au Capitaine réformé, trois livres dix sols au Lieutenant en pied, trente sols au Lieutenant réformé, quatorze sols à chacun des deux Sergens, neuf sols six deniers à chacun des trois Caporaux, huit fols fix deniers à chacun des trois Anfpeffades, & fept fols fix deniers à chacun des trente-fix Grenadiers & un Tambour: le Capitaine recevra trois payes de gratification, de fept fols fix deniers chacune par jour, fa compagnie étant à quarante-cinq & quarante-quatre hommes, deux defdites payes la compagnie étant à quarante-un, quarante-deux & quarante-trois hommes, une feulement lorfqu'elle ne fera qu'à quarante, & rien au-deffous dudit nombre de quarante hommes.

Compagnies de Fufiliers.

Chacune des feize compagnies de Fufiliers, compofée de quarante hommes, fera payée fur le pied par jour de cinq livres au Capitaine en pied, trois livres fix fols huit deniers au Capitaine réformé, quarante-cinq fols au Lieutenant en pied, trente fols au Lieutenant réformé, treize fols à chacun des deux Sergens, huit fols fix deniers à chacun des trois Caporaux, fept fols fix deniers à chacun des trois Anfpeffades, & fix fols fix deniers à chacun des trente-un Fufiliers & un Tambour: le Capitaine recevra de plus trois payes de gratification, de fix fols fix deniers chacune par jour, fa compagnie étant à quarante & trente-neuf hommes, deux defdites payes lorfqu'elle fera à trente-fix, trente-fept & trente-huit, une feulement à trente-cinq; n'en pouvant prétendre aucune, fa compagnie étant au-deffous dudit nombre de trente-cinq hommes.

Enfeignes.

Outre les Officiers ci-deffus, l'Enfeigne qui eft en chacune des compagnies Colonelle & Lieutenante-colonelle defdits régimens, recevra trente-fix fols par jour.

Etat-major.

L'Etat-major de chacun defdits régimens fera payé fur le pied par jour de treize livres fix fols huit deniers au Colonel, quarante-cinq fols au Lieutenant-colonel, outre leurs appointemens de Capitaine; fix livres treize fols quatre deniers au Major, cinq livres à l'Interprète, trois livres à l'Aide-major, quarante fols à l'Aumônier, & trente fols à chacun des Chirurgien & Maréchal-des-logis.

Officiers réformez à la fuite des trois régimens, & détachez dans les places.

Les Officiers réformez à la fuite defdits régimens, & ceux qui font détachez dans les places, feront payez fur le pied par mois de cent cinquante livres à chaque Colonel ou Lieutenant-colonel, cent livres à chaque Capitaine, & quarante-cinq livres à chaque Lieutenant.

La pension de quatre mille sept cens livres attachée à la charge de Colonel de chacun desdits régimens, au lieu de celle de deux mille livres qu'il avoit anciennement, lui sera continuée; au moyen de quoy il ne doit plus retenir les quatre deniers par jour sur la masse des Sergens, Caporaux, Anspessades & Soldats, qui doivent recevoir leur paye entiére, à la déduction seulement d'un sol qui sera mis à la masse.

Rothe & Berwick.

Compagnie de Grenadiers.

Les régimens Irlandois de Rothe & Berwick, chacun d'un bataillon de dix-sept compagnies, seront payez, sçavoir, la compagnie de Grenadiers composée de quarante-cinq hommes, sur le pied par jour de quatre livres quinze sols au Capitaine en pied, quarante-cinq sols dix deniers au Capitaine réformé, cinquante-un sols au Lieutenant en pied, vingt-un sols huit deniers au Lieutenant réformé, quatorze sols à chacun des deux Sergens, neuf sols six deniers à chacun des trois Caporaux, huit sols six deniers à chacun des trois Anspessades, & sept sols six deniers à chacun des trente-six Grenadiers & un Tambour: le Capitaine recevra trois payes de gratification, de sept sols six deniers chacune par jour, sa compagnie étant de quarante-cinq & quarante-quatre hommes, deux desdites payes la compagnie étant à quarante-un, quarante-deux & quarante-trois, une seulement lorsqu'elle ne sera qu'à quarante, & rien au-dessous dudit nombre de quarante hommes.

Compagnies de Fusiliers.

Chacune des seize compagnies de Fusiliers, composées de quarante hommes, sera payée sur le pied par jour de trois livres quinze sols au Capitaine en pied, quarante-cinq sols dix deniers au Capitaine réformé, trente-deux sols six deniers au Lieutenant en pied, vingt-un sols huit deniers au Lieutenant réformé, treize sols à chacun des deux Sergens, huit sols six deniers à chacun des trois Caporaux, sept sols six deniers à chacun des trois Anspessades, & six sols six deniers à chacun des trente-un Fusiliers & un Tambour: le Capitaine recevra trois payes de gratification, de six sols six deniers chacune par jour, sa compagnie étant à quarante & trente-neuf hommes, deux desdites payes lorqu'elle sera à trente-six, trente-sept & trente-huit, une seulement à trente-cinq; n'en pouvant prétendre aucune, sa compagnie étant au-dessous dudit nombre de trente-cinq hommes.

Enseignes.

Outre les Officiers ci-dessus, l'Enseigne qui est en chacune des compagnies Colonelle & Lieutenante-colonelle desdits régimens, recevra vingt-cinq sols six deniers par jour.

Etat-major & Prévôté.

L'Etat-major de chacun desdits régimens sera payé sur le pied par jour de sept livres dix sols au Colonel, trente-deux sols six deniers au Lieutenant-colonel, outre leurs appointemens de Capitaine; quatre livres onze sols huit deniers au Major, quarante-six sols huit deniers à l'Aide-major, vingt-cinq sols à chacun des Aumônier & Maréchal-des-logis, vingt sols au Chirurgien, vingt-six sols huit deniers au Prévôt, treize sols quatre deniers à son Lieutenant, huit sols quatre deniers au Greffier, & cinq sols à chacun des cinq Archers & à l'Exécuteur de justice.

Officiers reformez à la suite des deux régimens, & détachez dans les places.

Les Officiers réformez à la suite desdits régimens, & ceux qui seront détachez dans les places, recevront par mois, sçavoir, chaque Colonel ou Lieutenant-colonel, cent douze livres dix sols; chaque Capitaine soixante-huit livres quinze sols, & chaque Lieutenant trente-deux livres dix sols.

V.

COMPOSITION DES BATAILLONS.

POUR entretenir les bataillons dans une égale force, Sa Majesté, en confirmant ce qui est porté par les anciennes ordonnances, veut que les compagnies d'un régiment composé de plusieurs bataillons, y servent suivant le rang de leur Capitaine; que celles de Grenadiers soient mises suivant leur ancienneté, à la tête de chaque bataillon; que la compagnie Colonelle & celle du Lieutenant-colonel demeurent au premier bataillon; que celle du premier Capitaine soit dans le second, que celle du second Capitaine soit dans le troisiéme, & que celle du troisiéme

Capitaine

Capitaine ſoit dans le quatriéme bataillon des régimens où il y en a quatre, & que les autres compagnies ſoient ainſi diſtribuées ſuivant leur rang : & lorſqu'il en vaquera une dans un régiment, que l'Officier qui en ſera pourvû, prenne avec ſa compagnie, la queue du dernier bataillon, pour faire monter les autres compagnies, de ſorte qu'elles ſe trouvent ſuivant leur rang dans les bataillons où elles doivent ſervir. Et comme Sa Majeſté auroit été ci-devant avertie que les Colonels des régimens d'Infanterie prenoient deux Soldats dans les compagnies qui venoient à vaquer, pour ſervir dans les leurs, & qu'ils y en faiſoient auſſi prendre un pour les Grenadiers, Sa Majeſté continue la défenſe qu'Elle leur a faite de prendre ni laiſſer prendre aucun Soldat dans les compagnies vacantes, ſon intention étant qu'elles ſoient remiſes à ceux qui en ſeront pourvûs, dans l'état où elles ſe ſeront trouvées lorſqu'elles auront vaqué.

Outils.

Veut auſſi Sa Majeſté qu'il y ait toûjours en chaque compagnie de ſon Infanterie françoiſe ou étrangére, dix outils propres à remuer la terre, que les Soldats de chaque chambrée porteront tour à tour avec leurs armes.

Ingénieurs.

Les Ingénieurs auxquels Sa Majeſté a accordé des réformes, continueront d'être payez dans les places de leur réſidence, ſur les ordres qui ſeront expédiez à cet effet, ſur le pied par mois de trente-ſept livres dix ſols à chaque Capitaine, & de vingt livres à chaque Lieutenant.

Solde pendant la marche à l'Infanterie françoiſe & étrangére.

Sa Majeſté trouve bon que le ſol d'augmentation par jour, accordé à chaque Sergent, & les ſix deniers à chaque Caporal, Anſpeſſade, Grenadier, Soldat & Tambour, pour s'entretenir de linge & de chauſſure, leur ſoit continué pendant les marches, dans les lieux où l'étape ſera fournie, même aux trois cens quarante Soldats ſurnuméraires que Sa Majeſté a bien voulu entretenir dans ſon régiment d'Infanterie, ſur le pied de cinq en chacune des ſoixante-huit compagnies dont il eſt composé ; & il ſera accordé un ſupplément de ſolde aux troupes d'Infanterie étrangére, comme par le paſſé.

V I.

GENDARMERIE.

Gardes-du-corps du Roy.

LES Officiers des Gardes-du-corps du Roy, ſervant à la Cornette, ſeront payez ſur le pied par jour de ſix livres à chacun des trois Lieutenans, cinq livres à chacun des trois Enſeignes, trois livres à chacun des onze Exempts, l'Aide-major compris; quarante ſols à chacun des neuf Brigadiers, trente-cinq ſols à chacun des neuf Sous-brigadiers, trente-trois ſols à chacun des deux cens quatre-vingt-deux Gardes, des ſix Trompettes & un Timbalier, quarante ſols à l'Aumônier, & vingt ſols au Chirurgien; le tout en chacune des quatre compagnies desdits Gardes-du-corps.

Grenadiers a cheval.

La compagnie des Grenadiers à cheval de Sa Majeſté, ſera payée ſur le pied par jour de dix livres au Capitaine-lieutenant, de ſix livres à chacun des trois Lieutenans, quatre livres à chacun des trois Sous-lieutenans, trois livres à chacun des trois Maréchaux-des-logis, quarante ſols à chacun des ſix Sergens, trente-un ſols à chacun des trois Brigadiers, vingt-ſix ſols à chacun des ſix Sous-brigadiers, vingt-quatre ſols à chacun des ſix Appointez & un Porte-étendart, vingt-un ſols à chacun des cent quatre Grenadiers & quatre Tambours; & quarante ſols à l'Aumônier établi dans ladite compagnie par ordonnance particulière du 9. février 1734.

Gendarmes & Chevaux-legers de la garde du Roy.

Les grands Officiers des compagnies de Gendarmes & de Chevaux-legers de la garde du Roy, & les cinquante Gendarmes & cinquante Chevaux-legers, deux Trompettes & un Timbalier de chaque compagnie ſervant par quartier près Sa Majeſté, continueront à être payez ſuivant les états & ordres qui ſeront expédiez à cet effet.

Il ſera payé trente ſols par jour à chacun des Brigadiers, Sous-brigadiers, cent cinquante Gendarmes, & cent cinquante Chevaux-legers, & deux Trompettes de chacune deſdites deux compagnies ſervant à la Cornette; & vingt fols à chacun des fept petits Officiers, auffi de chaque compagnie, fçavoir, un Aumônier, deux Fourriers, deux Chirurgiens, un Sellier & un Maréchal-ferrant.

MOUSQUETAIRES DE LA GARDE DU ROY.

Chacune des deux compagnies de Moufquetaires de la garde du Roi, fera payée à raifon de trente livres par jour au Capitaine-lieutenant, qui eft vingt livres pour les appointemens de Capitaine, & dix livres pour ceux de Lieutenant; fix livres treize fols quatre deniers à chacun des deux Sous-lieutenans, cinq livres à chacun des deux Enfeignes & deux Cornettes, cinquante fols à chacun des dix Marêchaux-des-logis, quarante-deux fols à chacun des quatre Brigadiers, quarante fols à chacun des dix-huit Sous-brigadiers & cent foixante-feize Moufquetaires, cinquante fols à chacun des quatre Hautbois, & trente fols à chacun des fix Tambours & des fix petits Officiers, fçavoir, un Aumônier, un Chirurgien, un Apothicaire, un Fourrier, un Sellier & un Marêchal-ferrant.

GENDARMERIE.

Grands Officiers des compagnies de Gendarmes.

Les grands Officiers des dix compagnies de Gendarmes de la Gendarmerie, continueront d'être payez fuivant les états que Sa Majefté fera expédier; & les Marêchaux-des-logis, Brigadiers, Sous-brigadiers, Porte-étendarts, Gendarmes, Trompettes & Timbaliers, fur le même pied de ceux des compagnies de Chevaux-legers, ainfi qu'il eft ci-après expliqué.

Compagnies de Chevaux-legers.

Chacune des fix compagnies de Chevaux-legers de ladite Gendarmerie, compofée d'un Capitaine-lieutenant, un Sous-lieutenant, deux Cornettes, quatre Marêchaux-des-logis, deux Brigadiers, deux Sous-brigadiers, un Porte-étendart, trente-cinq Chevaux-legers, & deux Trompettes, fera payée à raifon de neuf livres par jour au Capitaine-lieutenant, qui eft fix livres en qualité de Capitaine, & trois livres en celle de Lieutenant; trois livres au Sous-lieutenant, quarante-cinq fols à chaque Cornette, quarante-fix fols à chaque Marêchal-des-logis, vingt-fix fols fix deniers à chaque Brigadier & Sous-brigadier, dix-huit fols quatre deniers au Porte-étendart, quinze fols à chaque Chevau-leger, & vingt-deux fols à chaque Trompette.

Aumôniers & Timbaliers.

Il sera payé vingt-deux sols aussi par jour à chacun des huit Timbaliers entretenus dans les huit premiéres compagnies, & trente sols à chacun des deux Aumôniers de ladite Gendarmerie.

Etat-major de la Gendarmerie.

Les Officiers de l'Etat-major de ladite Gendarmerie, étant payez de leurs appointemens à l'Ordinaire des guerres, il n'en sera point fait ici mention.

VII.

CAVALERIE, CARABINIERS, HUSSARDS ET DRAGONS.

CAVALERIE. Compagnies.

L'INTENTION de Sa Majesté est, qu'outre le fourrage qui sera fourni à chaque Cavalier, Carabinier, Hussard & Dragon, il soit payé à chacune des compagnies qui composent les régimens de Cavalerie françoise, sçavoir, au Capitaine cinq livres par jour, au Lieutenant cinquante sols, au Marêchal-des-logis vingt-six sols huit deniers, à chacun des deux Brigadiers huit sols, & à chacun des trente-trois Cavaliers, y compris le Trompette & le Timbalier, où il doit y en avoir, sept sols.

Sous-lieutenant & Cornettes dans la compagnie du Colonel général, & dans celles des Mestre-de-Camp général & Commissaire général de la Cavalerie.

Le Sous-lieutenant qui est dans la compagnie Colonelle du Colonel général de la Cavalerie, le Cornette-blanc qui est dans ladite compagnie, & le Cornette qui est en chacune des compagnies Mestre-de-camp des régimens du Mestre-de-camp général & du Commissaire général de la Cavalerie, recevront, sçavoir, le Sous-lieutenant, cinquante sols par jour; le Cornette-blanc, & chacun des deux autres, trente-sept sols six deniers aussi par jour.

Etat-major de Cavalerie françoise.

Il sera payé quarante-quatre sols cinq deniers par jour au Mestre-de-camp de chaque régiment de Cavalerie françoise, trente-trois sols quatre deniers au Lieutenant-colonel, outre leurs appointemens de Capitaine; six livres au Major, trois livres à chaque Aide-major, trente sols à l'Aumônier, & treize sols six deniers au Chirurgien.

ROYAL-ALLEMAND. Compagnies.

Chacune des douze compagnies du régiment Royal-Allemand, composée de trente-cinq Maîtres, sera payée sur

sur le pied par jour de six livres au Capitaine, de trois livres au Lieutenant, trente sols au Maréchal-des-logis, neuf sols à chacun des trois Brigadiers, & sept sols à chacun des trente-deux Cavaliers, y compris les Cadets, Trompettes & Timbalier : il sera en outre payé un sol par jour à chaque Cadet qui passera en revûe dans le nombre desdits Cavaliers, sur le certificat du Commandant du régiment. *Cadets.*

E'tat-major.

L'Etat-major dudit régiment sera payé sur le pied par jour de six livres treize sols quatre deniers au Mestre-de-camp, de cinq livres à chacun des deux Lieutenans-colonels, outre leurs appointemens de Capitaine ; huit livres six sols huit deniers à chacun des deux Majors, cinquante-trois sols quatre deniers à chacun des deux Aides-majors, vingt-six sols huit deniers au Maréchal-des-logis, trente-trois sols quatre deniers au Prévôt, vingt-six sols huit deniers à son Lieutenant, vingt sols au Greffier, vingt-six sols huit deniers à chacun des Aumônier & Chirurgien, & quinze sols à chacun des quatre Archers & un Exécuteur de justice.

ROSEN. Compagnies.

Chacune des douze compagnies du régiment de Cavalerie allemande de Rosen, composée de trente-cinq Maîtres, sera payée sur le pied par jour de six livres au Capitaine, trois livres au Lieutenant, vingt-six sols huit deniers au Maréchal-des-logis, huit sols à chacun des deux Brigadiers, & sept sols à chacun des trente-trois Cavaliers, compris le Trompette & le Timbalier.

E'tat-major.

L'Etat-major dudit régiment sera payé sur le pied par jour de trois livres six sols huit deniers au Mestre-de-camp, quarante sols au Lieutenant-colonel, outre leurs appointemens de Capitaine; huit livres dix sols au Major, trois livres à l'Aide-major, treize sols quatre deniers à chacun des Aumônier, Chirurgien & Auditeur, & sept sols six deniers à chacun des Greffier, trois Archers & un Exécuteur.

CARABINIERS. Compagnies.

Chacune des quarante compagnies de trente-cinq Maîtres, qui composent les cinq brigades du régiment Royal des Carabiniers, sera payée sur le pied par jour de six livres

L

au Capitaine, trois livres au Lieutenant, trente sols au Maréchal-des-logis, neuf sols à chacun des deux Brigadiers, & huit sols à chacun des trente-trois Carabiniers, compris le Trompette & le Timbalier, où il doit y en avoir.

Etat-major.

Pour l'Etat-major dudit régiment, il sera payé cinquante-un sols dix deniers par jour à Monf.r le Prince de Dombes, en qualité de Mestre-de-camp-lieutenant; pareils cinquante-un sols dix deniers à chacun des cinq Mestres-de-camp qui servent sous lui à la tête des cinq brigades; trente-huit sols dix deniers à chaque Lieutenant-colonel, outre leurs appointemens de Capitaine; sept livres à chaque Major, trois livres dix sols à l'Aide-major, trente sols à l'Aumônier, & seize sols deux deniers au Chirurgien de chaque brigade.

HUSSARDS.
Compagnies.

Les régimens de Hussards d'Essoffy & de Berchiny, de dix-huit compagnies chacun, & celuy d'Esterhazy de six compagnies, composées de cinquante Maîtres, seront payées sur le pied par jour de six livres au Capitaine, de trois livres au Lieutenant, quarante-cinq sols au Cornette, vingt-six sols huit deniers au Maréchal-des-logis, neuf sols à chacun des trois Brigadiers, & sept sols à chacun des quarante-sept Hussards, compris le Trompette & le Timbalier.

Etat-major.

L'Etat-major de chacun desdits régimens sera payé sur le pied par jour, de trois livres six sols huit deniers au Mestre-de-camp, de quarante sols au Lieutenant-colonel, outre leurs appointemens de Capitaine; huit livres dix sols au Major, trois livres à l'Aide-major, trente sols à l'Aumônier, & treize sols quatre deniers au Chirurgien.

Cornettes dans les régimens de Cavalerie françoise.

Les deux Cornettes avec appointemens, que Sa Majesté a conservez par escadron, en chacun des régimens de ses troupes de Cavalerie françoise, seront payez sur le pied de trente-sept sols six deniers chacun par jour.

Cornettes dans le régiment Royal-des-Carabiniers, & dans ceux de Royal-Allemand & Rosen.

Les deux Cornettes avec appointemens, conservez aussi par escadron, en chacune des cinq brigades du régiment Royal-des-Carabiniers, & dans les régimens Royal-Allemand & de Rosen, seront payez sur le pied de quarante-cinq sols chacun par jour.

Les Capitaines & Lieutenans réformez des régimens de Cavalerie françoise, qui ont eu des ordres pour servir à la suite des régimens auxquels leur réforme est attachée, seront payez de leurs appointemens par mois, en passant présens aux revûes des Commissaires ordinaires des guerres, sçavoir, chaque Capitaine sur le pied de quatre-vingt-dix livres, & chaque Lieutenant sur celui de quarante-une livres quinze sols; à l'exception de ceux dont les appointemens sont réglez sur un pied différent, par les ordres particuliers qui les attachent à la suite desdits régimens.

Officiers réformez de Cavalerie françoise.

Les Capitaines & Lieutenans réformez, qui ont eu des ordres particuliers pour servir à la suite du régiment Royal des Carabiniers, seront payez de leurs appointemens en passant présens aux revûes des Commissaires ordinaires des guerres, sçavoir, chaque Capitaine, sur le pied de quatre-vingt-dix livres par mois, & chaque Lieutenant, sur celui de quarante-cinq livres aussi par mois.

Officiers réformez de Carabiniers.

Les Officiers réformez à la suite du régiment de Cavalerie irlandoise de Filtzjames, qui est sur le pied françois, seront payez de leurs appointemens en passant présens aux revûes des Commissaires ordinaires des guerres, à raison par mois de cent quatre-vingt-trois livres sept sols six deniers à chaque Mestre-de-camp, cent soixante-quinze livres à chaque Lieutenant-colonel, cent vingt livres à chaque Capitaine, & cinquante-huit livres sept sols six deniers à chaque Lieutenant; à l'exception de ceux auxquels il a été réglé d'autres traitemens par des ordres particuliers, sur lesquels ils seront payez.

Officiers réformez de Filtzjames.

Les Officiers réformez à la suite des régimens de Cavalerie Royal-allemand & de Rosen, & de ceux de Hussards d'Essoffy, de Berchiny & d'Esterhazy, seront payez de leurs appointemens en passant présens aux revûes des Commissaires ordinaires des guerres, sur le pied, sçavoir, chaque Mestre-de-camp & Lieutenant-colonel, de cent cinquante livres par mois; chaque Capitaine, de quatre-vingt-dix livres; & chaque Lieutenant, de quarante-une

Officiers réformez de Cavalerie allemande & de Hussards.

livres quinze sols aussi par mois : à l'exception de ceux auxquels il a été réglé d'autres traitemens par des ordres particuliers, sur lesquels ils seront payez.

Anciens Officiers du régiment de Pons.

Sa Majesté trouve bon de continuer aux Officiers du régiment de cavalerie de Pons, les pensions par forme de supplément d'appointemens, qu'Elle leur a accordées par son ordonnance du 15. octobre 1719. qui met le régiment à la paye françoise, jusqu'à ce qu'ils parviennent à d'autres grades, & sans tirer à conséquence pour ceux qui leur succéderont.

DRAGONS.

Compagnies à quarante-un.

Chaque compagnie des régimens de Dragons du Mestre-de-Camp général, Royal, Dauphin & Surgéres, composée de quarante-un Dragons montez, sera payée sur le pied par jour de quatre livres dix sols au Capitaine, de quarante sols au Lieutenant, vingt sols au Maréchal-des-logis, sept sols six deniers à chacun des deux Brigadiers, & six sols six deniers à chacun des trente-huit Dragons & un Tambour.

Compagnies à trente-cinq.

Chaque compagnie des onze autres régimens de Dragons, composée de trente-cinq Dragons montez, sera payée sur le pied par jour de quatre livres dix sols au Capitaine, quarante sols au Lieutenant, vingt sols au Maréchal-des-logis, sept sols six deniers à chacun des deux Brigadiers, & six sols six deniers à chacun des trente-deux Dragons & un Tambour.

Seconds Lieutenans, Sous-lieutenans & Cornettes dans les compagnies générale, & Mestre-de-camp général des Dragons.

Outre les Officiers ci-dessus, il est entretenu dans la compagnie générale qui est dans le régiment du Colonel général des Dragons, un second Lieutenant, un Sous-lieutenant & un Cornette ; & dans la compagnie Mestre-de-camp du régiment Mestre-de-camp général des Dragons, un second Lieutenant & un Cornette, qui seront payez sur le pied par jour de quarante sols à chacun des deux seconds Lieutenans, de trente-trois sols quatre deniers au Sous-lieutenant, & de trente sols à chacun des deux Cornettes : entendant Sa Majesté que les charges de second Lieutenant dans lesdites compagnies, ne soient point remplacées lorsqu'elles viendront à vaquer.

L'Etat-

L'Etat-major de chaque régiment de Dragons, sera payé sur le pied par jour, de dix livres au Mestre-de-camp, outre ses appointemens de Capitaine, de quatre livres dix sols au Major, de cinquante sols à l'Aide-major, & de trente sols à l'Aumônier. *Etat-major de Dragons.*

Les deux Cornettes avec appointemens, que Sa Majesté a conservez par escadron en chacun desdits régimens de Dragons, seront payez sur le pied de trente sols chacun par jour. *Cornettes de Dragons.*

Les Capitaines & Lieutenans réformez desdits régimens de Dragons, qui ont eu des ordres pour servir à la suite des régimens auxquels leur réforme est attachée, seront payez de leurs appointemens par mois, en passant présens aux revûes des Commissaires ordinaires des guerres, sçavoir, chaque Capitaine sur le pied de cinquante livres, & chaque Lieutenant sur celui de trente-trois livres six sols huit deniers; à l'exception de ceux dont les appointemens sont réglez sur un pied différent, par les ordres particuliers qui les attachent à la suite desdits régimens. *Officiers réformez de Dragons.*

Les Gardes-du-corps du Roi, réformez, que Sa Majesté a trouvé bon d'entretenir dans le nombre des Cavaliers & Dragons de ses troupes, en attendant leur remplacement, y recevront dix sols chacun par jour, au lieu de sept sols ci-dessus réglez pour lesdits Cavaliers, & de six sols six deniers pour les Dragons. *Gardes-du-corps du Roi, réformez.*

Chacune des compagnies franches de Dragons de Dumoulin, de Mandres, de Romberg, la Croix, Goderneaux, Jacob & Galhau, composée de cent cinquante Dragons montez, sera payée sur le pied par jour de six livres au Capitaine en pied, quarante-cinq sols au Capitaine réformé, quarante sols au premier Lieutenant, trente-trois sols quatre deniers au second Lieutenant, vingt-cinq sols à chacun des cinq Lieutenans réformez, vingt sols à chacun des trois Maréchaux-des-logis, sept sols six deniers à chacun des six Brigadiers, & six sols six deniers à chacun des cent quarante-quatre Dragons, y compris trois Tambours. *COMPAGNIES FRANCHES de DRAGONS.*

Compagnie franche de Dragons de Sinceny.

La compagnie franche de Dragons de Sinceny, composée de quatre-vingt Dragons montez, sera payée sur le pied par jour de cinq livres au Capitaine, quarante-cinq sols au Capitaine réformé, quarante sols au premier Lieutenant, trente-trois sols quatre deniers au second Lieutenant, vingt-cinq sols à chacun des deux Lieutenans réformez, vingt sols à chacun des deux Maréchaux-des-logis, sept sols six deniers à chacun des quatre Brigadiers, & six sols six deniers à chacun des soixante-seize Dragons, compris deux Tambours.

Officiers réformez des compagnies franches de Dragons.

A l'égard des Officiers réformez qui sont entretenus à la suite desdites compagnies, ou qui pourront l'être à l'avenir, ils seront payez sur le pied, par mois, de soixante-sept livres dix sols à chaque Capitaine, & de trente-sept livres dix sols à chaque Lieutenant, en passant présens aux revûes des Commissaires ordinaires des guerres.

Masse de la Cavalerie, des Dragons & des compagnies franches de Dragons.

Il sera donné, outre la solde ci-dessus, qui sera payée sans aucun retranchement, dix deniers par jour pour chaque Brigadier, Cavalier, Carabinier, Hussard, Dragon, Trompette, Timbalier & Tambour, dont le fonds restera entre les mains du Trésorier, pour composer une masse toûjours compléte, destinée à l'habillement desdites troupes; de laquelle le Trésorier donnera sa reconnoissance à la fin de chaque mois, à l'Officier chargé du détail desdits régimens, brigades ou compagnies franches de Dragons, pour être payée sur la main-levée du Directeur ou Inspecteur général dans le département duquel ils se trouveront, visée des Colonels généraux de la Cavalerie & des Dragons.

PREST des Cavaliers, Hussards & Dragons.

Comme Sa Majesté juge nécessaire qu'il reste toûjours à la fin du quartier d'hiver, quelqu'argent aux Cavaliers, Hussards & Dragons, pour leur donner moyen de subsister pendant la campagne, & qu'il est aussi à propos que les choses demeurent réglées entre les Capitaines & lesdits Cavaliers, Hussards & Dragons, de maniére qu'il n'y ait aucune difficulté sur le décompte à faire entr'eux; Sa Majesté ordonne que chaque Cavalier & Hussard touchera six sols par jour pour sa subsistance, & chaque Dragon cinq sols six deniers; que le Cavalier, Hussard & Dragon sera obligé d'entretenir son cheval de ferrage; & que moyennant les sept livres dix sols à quoi reviendra le surplus de la solde pendant les cinq mois du quartier d'hiver, lesquels lui seront payez par son Capitaine à la fin de chacun des mois de novembre, décembre, janvier, février & mars, il s'entretiendra de linge, culotte, bas & souliers: Et à l'égard du Capitaine, Sa Majesté trouve bon qu'il touche ce qu'Elle a ordonné pour les places d'ustensile des Cavaliers, Hussards ou Dragons de sa compagnie, à la réserve de deux sols par jour par Cavalier, Carabinier, Hussard ou Dragon, qui resteront entre les mains du Trésorier général de l'extraordinaire des guerres, & qui seront par lui remis au Major du régiment, ou à l'Aide-major en son absence, dans les tems marquez ci-après; pour être lesdits deux sols, qui feront pour les cent cinquante jours du quartier d'hiver, la somme de cinq écus de soixante sols chacun, distribuez manuellement par ledit Major ou l'Aide-major, aux Cavaliers, Carabiniers, Hussards & Dragons; sçavoir, un écu de soixante sols aux dixiéme de chacun des mois de mai, juin, juillet, août & septembre; sans que ledit Major ou Aide-major en son absence, s'en puisse dispenser pour quelque raison que ce soit, à peine de privation de sa charge: ce que Sa Majesté veut que lesdits Cavaliers, Carabiniers, Hussards & Dragons, touchent outre la solde qui leur sera ordonnée pendant la campagne; de sorte que moyennant les six sols de solde par jour que le Cavalier & Hussard touchera, & les cinq sols six deniers qu'aura le Dragon pendant le quartier d'hiver, les sept livres dix sols qui seront payées à l'un & l'autre également, dans les cinq mois dudit quartier d'hiver, & les cinq écus qui leur seront distribuez par le Major au commencement & pendant la campagne, outre leur solde, ils soient obligez de s'entretenir, comme il est ci-dessus marqué, de linge, culotte, bas & souliers, d'entretenir leurs chevaux de ferrage, & d'entretenir aussi leurs armes, c'eſt-à-dire, de les tenir nettes, & de faire les menues réparations qui y ſeront néceſſaires pour qu'elles ſoient toûjours en bon état : Sa Majeſté entendant que quand les armes des Cavaliers, Huſſards & Dragons deviendront dans un état à ne pouvoir plus ſervir, qu'il en faudra de neuves, ou qu'il ſera néceſſaire d'y faire des réparations conſidérables, le Capitaine en faſſe la dépenſe, à moins qu'il ne fût jugé par le Conſeil de guerre du régiment, que le dommage arrivé à l'arme du Cavalier, Huſſard & Dragon, fût par la faute du Cavalier, Huſſard & Dragon.

Entend auſſi Sa Majeſté qu'au moyen de l'uſtenſile, ſur lequel il ſera, comme il eſt dit ci-deſſus, retenu deux ſols par jour par Cavalier, Carabinier, Huſſard ou Dragon, le Capitaine ſera obligé d'entretenir chaque Cavalier, Carabinier, Huſſard ou Dragon de ſa compagnie ; de cheval, houſſe, ſelle, harnois, bride, habillement, manteau, chapeau, bottes, armes, & généralement de toutes les choſes qui lui ſeront néceſſaires, à la réſerve du linge & des culottes, bas & ſouliers.

Retenue ſur l'Uſtenſile pour le non-complet des compagnies.

Infanterie.

Au moyen des payemens qui ſeront ainſi faits aux troupes d'Infanterie, de Cavalerie, de Carabiniers, de Huſſards & de Dragons, les Officiers ſeront obligez de les mettre en état de ſervir dans le commencement du mois d'avril prochain : & s'il arrive qu'une compagnie d'Infanterie qui doit être de quarante hommes ſans les Officiers, ſe trouve à la revûe qui en ſera faite par les Commiſſaires ordinaires des guerres dans les premiers jours dudit mois d'avril, avec les Directeurs ou Inſpecteurs généraux de ſes troupes où il s'en trouvera, au-deſſous du nombre de trente-quatre hommes, il ſera retenu cent cinquante livres ſur l'uſtenſile du Capitaine, dont il ne pourra avoir la main-levée qu'après la revûe qui ſe fera des troupes au commencement de la campagne, & que ſa compagnie y aura paſſé à trente-huit, trente-neuf ou quarante hommes.

Cavalerie, Carabiniers, Huſſards & Dragons.

Veut auſſi Sa Majeſté qu'au moyen deſdits payemens, les Officiers de ſes troupes, de Cavalerie, de Carabiniers, de Huſſards de Hussards & de Dragons, soient obligez de même, de les mettre en état de servir dans le commencement du mois d'avril prochain; & que s'il arrive qu'une compagnie ne se trouve pas compléte, montée, armée & équipée comme il convient, à la revûe qui en sera faite dans les premiers jours dudit mois d'avril, par les Commissaires ordinaires des guerres, avec les Directeurs ou Inspecteurs généraux où il s'en trouvera, il soit retenu un mois d'ustensile, tant des places attribuées à la personne du Capitaine, que de celles des Cavaliers, Carabiniers, Hussards & Dragons, en ce non compris l'écu de campagne qui doit être toûjours distribué aux Cavaliers, Carabiniers, Hussards & Dragons, sans pouvoir être retenu sous quelque prétexte que ce soit; de laquelle retenue il ne pourra avoir la main-levée qu'après la revûe qui se fait ordinairement des troupes au commencement de la campagne, & que sa compagnie y aura passé compléte d'hommes & de chevaux, & en état de bien servir.

Ordonne Sa Majesté aux Commissaires des guerres qui seront chargez de la police de ses troupes, qu'après qu'ils auront fait leurs revûes dans les premiers jours d'avril, avec les Directeurs ou Inspecteurs généraux où il s'en trouvera, ils ayent à informer aussi-tôt les Intendans dans les départemens desquels ils seront, des compagnies qui, à cette revûe, ne se trouveront pas complétes & en bon état, afin qu'ils fassent faire les retenues sur l'ustensile, ainsi qu'il est expliqué dans les deux articles précédens, aux Capitaines d'Infanterie, de Cavalerie, de Carabiniers, de Hussards & de Dragons: Entend aussi Sa Majesté, que lesdits Commissaires des guerres, Directeurs & Inspecteurs généraux où il s'en trouvera, déclarent en même tems de sa part aux Capitaines, que ceux qui, à la revûe qui se sera des troupes au commencement de la campagne, n'auront pas leurs compagnies complétes & de tout point en état de servir, telle raison qu'ils puissent avoir, seront cassez, & mis en prison jusqu'à ce qu'ils ayent restitué tout ce qu'ils auront reçu d'ustensile pendant l'hiver, sans avoir égard aux dépenses qu'ils auront faites à leur compagnie : déclarant Sa Majesté aux Colonels, Mestres-de-camp & Lieutenans-colonels des régimens dans lesquels il se trouvera de mauvaises compagnies, qu'elle les en rendra responsables en leur nom, comme ayant négligé de prendre le soin qu'ils doivent avoir que les Capitaines travaillent utilement à leur rétablissement.

VIII.

Officiers réformez dans les Provinces.

Colonels & Lieutenans-colonels d'Infanterie françoise.

Les Colonels, & Lieutenans-colonels réformez d'Infanterie françoise, qui par l'ancienneté de leurs services doivent avoir des appointemens, continueront d'en être payez dans les provinces, sur les états & ordres qui seront expédiez à cet effet, sur le pied de neuf cens livres par an à chaque Colonel, & de sept cens livres à chaque Lieutenant-colonel.

Mestres-de-camp & Lieutenans colonels de Cavalerie françoise.

Les Mestres-de-camp & Lieutenans-colonels réformez de Cavalerie, retirez dans les provinces, auxquels Sa Majesté a accordé des appointemens, continueront d'en être payez sur les états & ordres qui seront expédiez à cet effet.

Mestres-de-camp & Lieutenans-colonels de Dragons.

Les Mestres-de-camp & Lieutenans-colonels réformez de Dragons, qui doivent avoir aussi des appointemens par l'ancienneté de leurs services, seront payez dans leur province, suivant les états & ordres qui seront envoyez, sur le pied de deux mille livres par an à chaque Mestre-de-camp qui a eu un régiment, mille livres à chacun des autres, & six cens livres à chaque Lieutenant-colonel.

Officiers réformez, Partisans d'Infanterie, Cavalerie & Dragons, entretenus dans les Places.

Les Officiers réformez, tant d'Infanterie que de Cavalerie & de Dragons, entretenus dans les places en qualité de Partisans, seront payez en passant présens aux revûes, des appointemens qui leur ont été réglez, suivant les états & ordres signez du Sécrétaire d'état ayant le département de la guerre.

Capitaines & Lieutenans réformez d'Infanterie, Cavalerie & Dragons

Les Capitaines & Lieutenans réformez d'Infanterie, de Cavalerie & de Dragons, ci-devant attachez à la suite des régimens, ou entretenus à la résidence des places, qui ont été renvoyez dans leur province, continueront d'y être payez de leurs appointemens, sur les états qui seront envoyez tous les six mois aux Intendans desdites provinces, ainsi qu'il s'est pratiqué par le passé. *renvoyez dans leur Province.*

IX.

DÉFEND Sa Majesté aux Officiers, Gardes-du-corps, Gendarmes, Chevaux-légers, Mousquetaires, Cavaliers, Carabiniers, Hussards, Dragons & Soldats, de prendre aucun sel dans les pays étrangers, ou dans ceux de l'obéissance de Sa Majesté où la gabelle n'est point établie, ni de se charger d'aucun tabac ou autres marchandises prohibées, pour transporter, vendre ou débiter, en telle maniére que ce puisse être, & à quelque personne que ce soit, dans les provinces du royaume; à peine aux Chefs & Commandans, de répondre sur les payes à eux ordonnées, & sur leurs biens, des dommages qui seroient faits aux fermes générales par ceux étant sous leur charge; & aux Gardes, Gendarmes, Cavaliers, Carabiniers, Hussards, Dragons & Soldats, d'être punis suivant la rigueur des ordonnances contre les fauxsauniers. Défend aussi Sa Majesté à tous ses Sujets, de quelque qualité & condition qu'ils soient, de commettre le fauxsaunage, ni d'assister & favoriser en quelque sorte que ce soit, les gens de guerre qui le commettront, aussi sur les peines des ordonnances.

Défend encore Sa Majesté auxdits gens de guerre, d'aller, ni d'envoyer couper, abbattre, ni prendre aucun bois dans les forêts & buissons, à qui que ce soit qu'ils appartiennent; d'y chasser à la campagne, en quelque lieu que ce puisse être; de tirer avec fusils ni autres armes à feu, sur les pigeons & sur le gibier, ni pêcher dans les étangs, à peine de punition corporelle: Voulant que les coupables des crimes ci-dessus, soient punis par les Prévôts des Maréchaux, & à leur défaut par les juges ordinaires des lieux, selon la rigueur des ordonnances; sans que les gens de guerre puissent auxdits crimes alléguer aucune exception ni privilége, ni les juges y avoir égard.

MANDE & ordonne Sa Majesté aux Gouverneurs & Lieutenans généraux dans ses provinces & armées, aux Gouverneurs de ses villes & places, à ceux qui y commandent, aux Commandans & Intendans de ses armées, aux Intendans dans les provinces & sur les frontiéres, aux Directeurs & Inspecteurs généraux de ses troupes, aux Commissaires des guerres ordonnez à leur police, & à tous autres ses Officiers qu'il appartiendra, de tenir la main à l'exécution de la présente. FAIT à Versailles, le premier novembre mil sept cens quarante-deux. *Signé* LOUIS. *Et plus bas,* DE BRETEÜIL.

A PARIS,
DE L'IMPRIMERIE ROYALE.
M. DCCXLII.

www.ingramcontent.com/pod-product-compliance
Ingram Content Group UK Ltd.
Pitfield, Milton Keynes, MK11 3LW, UK
UKHW020443180726
13839UKWH00004B/1598